高校体育改革创新与发展探索

项海珍 著

中国原子能出版社

图书在版编目（CIP）数据

高校体育改革创新与发展探索 / 项海珍著. -- 北京 ：
中国原子能出版社，2024. 6. -- ISBN 978-7-5221-3462-
8

Ⅰ. G807.4

中国国家版本馆 CIP 数据核字第 2024R7U567 号

高校体育改革创新与发展探索

出版发行	中国原子能出版社（北京市海淀区阜成路 43 号 100048）
责任编辑	杨晓宇
责任印制	赵　明
印　　刷	北京金港印刷有限公司
经　　销	全国新华书店
开　　本	787 mm×1092 mm　1/16
印　　张	14.5
字　　数	201 千字
版　　次	2024 年 6 月第 1 版　2024 年 6 月第 1 次印刷
书　　号	ISBN 978-7-5221-3462-8　　定　价　**72.00** 元

网址：http://www.aep.com.cn　　　　**E-mail：atomep123@126.com**

发行电话：010-68452845　　　　　　版权所有　侵权必究

作者简介

项海珍，女，1976 年 11 月出生，讲师，杭州科技职业技术学院教师，高级瑜伽教练员，长期从事高校体育教学、训练工作。主持参与杭州市哲学社会科学课题、浙江省人社厅等课题多项。

前言

目前我国的学校体育面临着新的挑战，存在着许多亟待解决的问题：学生体质健康水平亟待提高，体育教学改革需要推进，学生的体育兴趣需要唤起，校园体育文化建设需要完善，学生体育社团需要发挥作用，学校体育科学研究需要加强，学校体育的国际化建设需要跟进，学校体育师资队伍的知识结构需要更新与优化。

从小学、中学到大学，很少有一门课程像体育课这样贯穿青少年的成长全过程。但是，直到走出校园，无论是体育意识、体育兴趣的培养，还是体育知识、体育技能的掌握，甚至是体育习惯的养成，大多数的学生都处于低水平。目前，我国学校体育改革虽然取得了显著成效，但改革中深层次的问题并未得到根本性解决，学校体育的总体运行模式和学校体育课的运行机制没有发生根本的变化。

在"健康第一""终身体育"等新的教学理念指导下，在"体育强国""全民健身"的体育梦想的促进下，高校体育面向最广大的受教育群体，肩负着促进大学生群体身心健康发展和社会性发展的重要责任。当前，面向新思想、新形势、新学生群体的体育教学，必须坚持改革与创新，才能更加科学地实现体育教育的多元教育功能，才能培养出适应现代社会发展的高素质人才。

　　本书第一章为体育教育概述，分别介绍了体育教育的产生和发展，体育教育的概念，体育教育的本质、结构和功能以及当前体育教育的热点问题四个方面的内容；本书第二章为高校体育教育改革的思想基础，主要介绍了四个方面的内容，依次是"寓德于体"教育思想、"寓智于体"教育思想、"寓美于体"教育思想、"寓乐于体"教育思想；本书第三章为高校体育教学内容的发展，分别介绍了四个方面的内容，依次是体育教学内容基本理论、体育教学内容的编排与选择、体育教材化、高校体育教学内容的发展与改革；本书第四章为高校体育教学管理的改革实践，依次介绍了高校体育教学管理改革的发展思路、高校体育教学管理改革的基本问题、高校体育教学管理模式构建的实践三个方面的内容；本书第五章为高校体育教学模式的创新发展，主要介绍了四个方面的内容，分别是高校体育游戏教学模式的实践与创新、高校体育程序教学模式的实践与创新、高校俱乐部体育教学模式的实践与创新、高校多媒体网络体育教学模式的实践与创新。

　　在撰写本书的过程中，作者参考了大量的学术文献，得到了许多专家学者的帮助，在此表示真诚感谢。本书内容系统全面，论述条理清晰、深入浅出，但由于作者水平有限，书中难免有疏漏之处，希望广大读者批评指正。

目录

第一章 体育教育概述 ·· 1

第一节 体育教育的产生和发展 ····································· 1

第二节 体育教育的概念 ·· 9

第三节 体育教育的本质、结构与功能 ······················ 11

第四节 当前体育教育的热点问题 ······························· 21

第二章 高校体育教育改革的思想基础 ·························· 31

第一节 "寓德于体"教育思想 ····································· 31

第二节 "寓智于体"教育思想 ····································· 46

第三节 "寓美于体"教育思想 ····································· 55

第四节 "寓乐于体"教育思想 ····································· 87

第三章 高校体育教学内容的发展 ································ 100

第一节 体育教学内容基本理论 ································· 100

第二节 体育教学内容的编排与选择 ·························· 107

第三节 体育教材化 ·· 116

第四节　高校体育教学内容的发展与改革 …………………………… 119

第四章　高校体育教学管理的改革实践 ………………………… 125

第一节　高校体育教学管理改革的发展思路 ………………… 125

第二节　高校体育教学管理改革的基本问题 ………………… 131

第三节　高校体育教学管理模式构建的实践 ………………… 146

第五章　高校体育教学模式的创新发展 ………………………… 150

第一节　高校体育游戏教学模式的实践与创新 …………………… 150

第二节　高校体育程序教学模式的实践与创新 …………………… 165

第三节　高校俱乐部体育教学模式的实践与创新 ………………… 179

第四节　高校多媒体网络体育教学模式的实践与创新 ………… 208

参考文献 …………………………………………………………… 220

第一章　体育教育概述

本书第一章为体育教育概述，分别介绍了体育教育的产生和发展，体育教育的概念，体育教育的本质、结构和功能，以及当前体育教育的热点问题四个方面的内容。

第一节　体育教育的产生和发展

一、体育教育的产生

体育产生之后，体育教育随之萌芽。体育来自人类长期的生活和生产实践，并随着人类社会的发展而不断变化。体育在人类文化中占据着非常重要的地位，体育的发展会受到人类文化的影响。体育教育是体育发展和传承的基础，体育也是社会文化进步的体现。在产生初期，体育活动通常展现出许多封闭的地域特征，例如当地文化的特征。在这种背景下，也产生了多种不同类型的体育教育。

（一）中国古代的体育教育

在我国发展的历史长河中，文明源远流长，文化繁荣昌盛，教育也一直是我国非常重视的一个部分，但我国比较重视智力教育和道德教育，

体育教育一直没能成为教育的主角。然而，在我国古代教育体系中，也可以寻找到有关体育的影子。在周朝，学校的教育内容是礼、乐、射、御、书、数，被称为"六艺"。在当时，贵族子弟们会通过学习射箭和舞蹈，来实现其自身的社会角色，成为社会上层阶级的一部分。

（二）古代欧洲的体育教育

欧洲是现代竞技体育的发源地，古老的欧洲城邦教育体系以体育为基础。现代欧洲运动的源头是古希腊。在古希腊人的观点中，一个人拥有健康的身体是非常重要的，所以他们创造了非常丰富多彩的运动生活。在古希腊的斯巴达教育体系中，体育是一项非常重要的内容。在雅典的教育内容中，"五项运动"是必修内容之一。

中世纪的欧洲，社会发展状况并不乐观，这一时期，封建主义和宗教主义横行，竞争得不到保护，思想也会受到限制，骑士制度是这一时期体育的亮点之处。在中世纪的欧洲，骑士是一个令人羡慕和尊重的身份，要想成为骑士并不简单，需要有一定的体育基础，掌握一些体育方法。骑士必须经过非常严格的体能训练，才能拥有"骑士的七项技术"。这些技能的形成必须通过体育培养，并通过体育教育来完成培训和学习。

因此，从东西方体育的诞生和传承的角度来看，借助体育活动来完成体育教育是必然的。具体而言，西周的"六艺"是当时贵族教育的手段，目的是培养未来的统治者。古希腊城邦教育体系也出现了比较完备的运动技能教育和训练，不同之处在于，西周时期的"六艺"教育的目标群体是贵族儿童，而古希腊城邦教育则针对城市中的所有男性国民。

从两者的教育目的上看，由于受社会发展程度的影响，当时的教育主要是为了满足战争的需要，教育首先要服从军事和社会安全的需要，体育教育的内容，均与国家的军事有着密切的联系。

因此，体育教育从产生之时起，就具备了一定的历史和时代特征。不同的历史时期、不同的国家、不同的地区，会有不同的体育内容和

形式。

二、体育教育的发展

（一）古希腊时期的体育教育

在古希腊时期有斯巴达体育教育和雅典体育教育两种教育体系。其中，追求军事效能的终极目标是斯巴达体育教育的特点，这也在一定程度上注定了斯巴达教育蕴含着海量的军事体育内容。然而，这种教育并没有形成一个完备的教育体系，没有为子孙后代留下可以借鉴的理论。雅典是民主政治的发源地，它的教育从一开始就有别于斯巴达，但两个城邦对体育有共同的想法。它们的共同点是，体育的目的不仅是保持身体健康，培训儿童成为国家的成员也是主要目的。

苏格拉底是雅典的一名教师，他的观点是，不管做什么事情，首要前提就是要有一个健康的身体，任何一个人都要进行体育锻炼，增强体质并培养自己的意志。苏格拉底有一名叫作柏拉图的学生，他在自己的著作《法律篇》中写道，教育分为两部分，一部分是针对身体的体育；另一部分是针对心灵美善的音乐。亚里士多德是柏拉图的学生，他的观点是，人们在青少年时期要开展对阅读、写作、体育、音乐和绘画的学习。除此之外，他还认为，实践要优先于理论，体能训练必须优先于心理训练。从这些伟大的希腊教育家的观点中，我们可以看到他们是非常注重体育教育的。这些思想的确立为日后的体育发展打下了一定的思想基础。

（二）文艺复兴时期的体育教育

在欧洲漫长的封建社会中，基督教会利用宗教来神化国家的政治权力。在他们的思想观念下，人除了身心和肉体外，还有上帝赐予的灵魂，

灵魂拥有高高在上的地位，肉体的地位是最低级的、最不重要的。在这种思想观念的影响下，人们必须禁欲，压制和克服肉体的兽性。显而易见，这极其不利于体育教育的开展，这是对古希腊体育概念的完全否定。

伴随着时代的发展、社会的不断进步，封建主义日趋瓦解，资产阶级开始实行一些对封建主义进行抵抗的行为和措施。文艺复兴是对过去"错误"理念的纠正。坚持新思想的学者们呼吁"重回古希腊"，让人们再次将目光从上帝转向人们自己。另外，在北欧文艺复兴运动的影响下，在马丁·路德的领导下，德国开始了宗教改革运动，否定了罗马天主教会和教皇高高在上的地位，并且认为所有人都是平等的，没有等级差别的存在，资产阶级革命浪潮促进了体育的发展。在宗教改革运动影响下，人们又再次意识到体育教育的重要作用，重新开展了体育教学，并对教学方法进行了革新。有很多方法都影响深远，比较典型的如下：（1）否定身体是制约灵魂的观点；（2）体育教学理论要将实用性和趣味性相结合，要对孩童们的行为举止进行规范化的培养；（3）继承和发扬传统体育教育理念；（4）体育和美学会促进人的全面发展；（5）认识到利用大自然条件锻炼身体的效果；（6）承认脑力活动与体力活动的相互联系。这一时期的体育教育思想，为逐步建立现代体育教育理论奠定了基础。

（三）法国大革命时期的体育教育

在欧洲的历史进程中，法国的资产阶级革命产生的影响和作用是非常大的。众所周知，法国是欧洲地区影响力最大的国家之一。18世纪前的法国是封建专制主义非常强大的国家。1789年，法国资产阶级革命爆发，资产阶级迅速崛起，推动了"启蒙运动"的产生，并促进了一大批教育家和思想家的涌现。比较有代表性的就是让·雅克·卢梭，他提出了身体教育理念，主要的观点有：（1）社会问题的根源在于人性是邪恶的，而邪恶是由人的脆弱产生的。因此，只有培养强壮的年轻人才能改变社会的丑陋。（2）孩子学习对抗自然世界的技能越多，就越聪明，所

以青年人的感觉器官必须接受培训。（3）提出智力教育与体育相结合，相信教育成功的秘诀在于身体活动与心理活动相互支持。

卢梭的教育思想深受人文主义教育家的赞赏，在德国等地开办了以卢梭思想为指导的泛爱学校。

（四）近代体育教育观的发展

随着社会的不断发展，到了近代，体育教育在个人全面发展教育中的地位越来越受到重视，并逐渐形成了不同类别的体育教育观，主要包括以下几类。

1. 自然主义体育教育观

自然主义体育思想主要受人本主义教育思想的影响，认为体育教育应该以"自然体育"为中心，按照自然手段对儿童进行自然体育教育。大自然也可以起到教育的作用，完全可以把孩童置于大自然中使他们获得发展。自然体育观更加强化了体育对于人的重要价值，自然观的教育方式，强调了兴趣、喜好和需求是体育教育非常重要的影响因素。

2. 体质为主的体育教育观

体质为主的体育教育的观点认为：体育教育的目的是增强学生的体质，促进学生在身体形态、身体机能等体质方面的要素的发展，从而促进学生的健康。这种体育教育的开展强调紧扣强身健体这一主题，增强人的体质、完善人的身体形态是体育教育的本质，也是它与智育、德育、美育的最大区别。这种体育教育观，在一定程度上是进步的，但强调的教学目标过于狭窄和单一，过分强调了体育教育的生物属性和身体发展性，忽视了体育教育对人的其他方面，如个性、品德、人格的培养价值，

丧失了一定的教育性，单纯追求体能的发展和体质水平的提高，这种体育教育观存在一定的片面性，必须进行补充和修正。

3. 竞技为主的体育教育观

随着竞技运动项目和职业体育的蓬勃发展体育运动在政治、经济、文化、旅游等各方面的价值越来越明显，受到世界上各个国家的重视。因此，很多国家出现了对体育教育的片面认识，认为体育教育就是培养竞技运动的人才，体育教育应该为竞技运动的发展而服务，没有认识到体育教育的本质是对人的全面发展作出贡献。这种体育教育观过分强调体育的工具性价值，否定了体育教育的根本属性。

4. 快乐主义体育教育观

快乐主义体育教育观认为参与体育是为了消除人的身心紧张和疲惫，促使人们自发、自主和快乐地参与体育锻炼是体育教育的最终目的。这种体育教育观在一定程度上反映了体育教育的一部分属性，但是忽略了体育教育的根本属性是通过让参与者进行一定强度的身体负荷训练，达到增强体质的目的，而这个过程肯定是艰辛的，不可能是完全快乐的，否则就不会取得应有的效果。

（五）现代体育教育的发展趋势

1. 秉持"健康第一"的体育教育思想

健康，是当今时代的主题。接受一定的健康教育，对每一个人的成长和全面发展至关重要。健康教育和学校健康教育的概念是 1800 年由美国的教育家霍列斯曼首次提出的。

世界教科文组织指出：每一位孩童都应当享有接受健康教育的权利，要注重提升他们的健康观念和具体的实践能力，提高全世界范围内民众

的健康水平。所以，为了顺应时代的发展，满足社会的需求，在未来的教学活动中，要借助体育教学这一途径，强化对学生身体健康的教育，达到让学生强身健体、提升品德素养、身心全面发展的教育目标。体育教育和健康教育二者是紧密相连且彼此促进的。基于此，未来的体育教育理念更要注重"健康第一"思想的贯彻，在体育教学中融入健康的元素，让学生意识到健康的重要性，掌握强身健体的方法，增强参加体育活动的积极性。我国最新版的《体育与健康课程标准》中，也提倡了"健康第一"的理念，强调促进学生健康成长是体育课程的最终目标。

2. 以素质教育为主线的体育教育

现代教育已经逐渐发展成为真正的素质教育，素质教育注重个体在各方面的发展，体育教育是素质教育的一个重要手段。以素质教育为主线的体育教育的本质内涵在于让学生参加体育锻炼，参与体育比赛，提高自身身体素质、心理素质、社会适应能力以及人格等方面的综合素质。在实行素质教育的过程中，身心健康素质是学生发展其他素质的重要基础。让受教育者参与一定的体育教育，能使他们拥有优美的身材、强健的体质，身体机能得到强化，并有助于其平和心态和定期锻炼习惯的养成，促进其身心的健康发展，提高对环境的适应能力，以自信、稳定的心态迎接任何挑战和困难。因此，体育教育应该以素质教育为主线，不断提高自己的教育品质，丰富自己的教育内容，为培养全面发展的人才作出贡献。

3. 以创新性和快乐性为特征的体育教育

现代教育越来越注重对个体创新性的培养，创新是一个民族发展的动力源泉，创造性思维也是衡量一个人综合素质的重要指标。因此在素质教育发展的今天，任何教育都离不开对创新性的培养，体育教育也不

例外。因此，体育教育工作者应该在日常的体育活动中，注重培养学生的创造意识、能力和精神，通过一些体育项目中的技战术来训练学生的创造性思维，在体育教学中，让学生自己创造性地做出一些动作，如让学生自己创编徒手操、自己布置场上的战术等，不断增强学生的创造意识和创造能力。

随着体育教育的不断发展，人们不断探索体育教育的形式。其中，日本出现了快乐式的体育教育，该模式流传到我国后，深受广大师生的喜爱，并且也在一定程度上缓解了学生的厌学情绪。快乐教育模式的涵义可以从三方面进行理解。

（1）激发了学生的参与热情，提升他们对体育运动的喜爱度。

（2）这种教育模式可以说是通用的，适用于任何群体，对每一个学生来说，都会起到促进作用。

（3）顾名思义，快乐体育一定会给学生带来很多乐趣，会让学生感受到参与体育运动的意义和价值，会让他们变得更自信。

从以上分析来看，现代体育教育越来越重视创新性在体育活动中的培养，而快乐性也日渐成为体育教育中的一个重要特征，这两个特征将会不断促进体育教育的发展和完善。

4. 以终身体育为目的的体育教育

终身体育倡导人们不仅要在学生阶段参与体育运动，更应该在人生的每个阶段都参与运动，也许每个阶段参与的运动项目不同，但都是为了促进身心健康的全面发展。因此，体育教育过程应该以培养人终身参与体育为目标，帮助他们掌握运动技能的同时，促进形成运动健身的意识，激发终身参与运动的兴趣，让受教育者充分认识到终身参与体育的意义和作用。

第二节 体育教育的概念

一、体育的概念界定

关于体育概念的论述，我国的专家和学者进行了大量的分析和研究，其定义有很多种。取得较多共识的定义是体育是以身体运动为基本手段，以促进身心健康发展为目的的文化活动。从定义上看，体育是一种促进人体健康、提高人的生活质量的文化活动。它可以促进人的身体健康，还可以丰富人的精神生活，并且是一种文化活动。

二、教育的概念界定

教育是一种广泛存在于人类社会中的重要活动，教育不仅指学校教育，还包括家庭教育、社会教育等多种形式。学校教育是指由专门的教育机构和专职教育人员，对受教育者进行有目的、有计划、有组织的教育活动。学校教育的目标是培养德、智、体、美全面发展的人才，为其未来的职业和生活打下坚实的基础。家庭教育主要是指家庭成员之间的教育和影响。父母是孩子的第一任老师，他们的言传身教对孩子的成长和发展有着深远的影响。同时，家庭也是培养孩子品德和情感的重要场所。社会教育则是指通过各种社会机构和组织进行的教育活动。社会教育的内容广泛丰富，包括文化、艺术、科技、法律等方面的知识普及和宣传。

教育是传承社会文化的重要途径。人类社会在不断发展的过程中，形成了丰富多彩的文化传统和价值观。这些文化和价值观通过教育的方

式得以传承和发扬光大。无论是语言、文学、历史、哲学还是艺术等领域，教育都是传承文化的重要手段。通过教育，人们可以了解和继承本民族的文化传统，同时也可以吸收其他文化的优秀成果，促进文化的交流与融合。教育是传递生产经验和社会生活经验的基本途径。人类社会的发展过程中积累了许多宝贵的生产和生活经验，这些经验通过教育的形式得以传递和延续。无论是农业、工业、商业还是服务业等领域，都需要通过教育来培养专门的人才，使他们掌握相关的技能和知识，为社会的进步和发展作出贡献。此外，教育还是培养人的社会活动。教育的本质在于培养人的各种能力和素质，使其能够适应社会发展的需要。通过教育，人们可以获得知识和技能，提高自己的竞争力，同时也可以培养自己的思想观念和道德品质，成为具有社会责任感和公民意识的人。

三、体育教育的概念界定

早在 20 世纪 30 年代就开始使用 "体育教育" 一词，这一词语后来在一些相关场合和学术研究中也曾被继续使用，不过一直未获得广泛的认可。究其原因，是因为当时的人们对体育及其教育的认识普遍不足。在相当长的一段时间内，"体育"与"体育教育"都是混用的，虽然在 20 世纪 50 年代我国体育理论界有过"体育名词概念"的讨论，然而这些讨论也没有给"体育教育"一个确切的定义。直到 20 世纪 80 年代末，国家教委颁布的法规性文件中才正式出现了"体育教育"一词。从"体育教育"一词的出现至今，人们对体育教育的认识进入了成熟阶段。关于体育教育概念研究的学术成果主要汇总如下。

（1）体育教育是对运动理论知识和相关技能进行讲解、传授的一种教育。

（2）体育教育是接受军事教育的一种活动。

（3）体育教育的目标和任务是强身健体，促进人的身心健康发展。

（4）体育教育是教育的核心构成部分，主要就是通过知识的传递、技能的学习、品德的培养等方面开展教育，促进人的全面发展。

（5）体育教育侧重的是学生的身体教育，是通过理论知识的讲解、运动技能的教学，来提升学生的身体体质，以促进学生身心健康发展的一种教育活动。

（6）体育是指在人类社会的发展进程中，基于日常生产生活的需要，按照人体发育的规律，借助体育锻炼的方法，强身健体、提升运动技能和水平、娱乐身心、促进精神文明建设而开展的一种社会活动。

从上述关于体育教育概念的研究可以看出，体育教育是具有教育属性和社会属性的一种活动，它不仅具有教会人们体育技能，促进人体健康的功能，还丰富着人们的精神文化生活，是一种特有的社会活动。

第三节　体育教育的本质、结构与功能

一、体育教育的本质

本质，是指事物本身所固有的根本的属性。从根本上讲，体育教育的性质是由体育的性质决定的，体育的本质属性是"增强体质、促进健康"，而身心健康是人全面发展的重要内容，体育在促进人的全面发展中起着非常重要的作用。广义的教育泛指一切有目的的、影响人的身心发

展的社会实践活动。狭义的教育是指专门组织的教育，即学校教育，它不仅包括全日制的学校教育，而且也包括非全日制的学校教育、函授教育、成人教育等，它是根据一定社会的现实和未来的需要，遵循年轻一代身心发展的规律，有目的、有计划、有组织、系统地引导受教育者获得知识技能、陶冶思想品德、发展智力和体力的一种活动，以便把受教育者培养成为适应一定社会（或一定阶级）的需要并促进社会发展的人。下面就主要探讨一下体育教育的本质。

（一）体育教育促进人全面发展的特性

根据马克思主义教育观的原理，体育是全面发展教育的重要组成部分。体育教育是全面发展人的教育中的一部分。体育教育是以学生身体活动（运动）为根本特征，区别于学校中的德育过程和智育过程，它主要以身体教育或透过身体教育的角度来实现马克思历史观念中的人的全面发展。

（二）体育教育的社会制约性和服务性

从体育教育的产生与发展过程来看，可以明显地看出体育教育受一定社会的政治经济的影响和制约，并为一定社会的政治经济服务。

现代体育教育更是引起了世界各国的重视。近些年来，很多国家都修改和补充了体育教学大纲，加强与改革体育教育，提高体育教育的地位，加强体育师资队伍的建设，投入一定的物力和财力，促进体育教育事业的发展。我们国家也非常重视体育教育，特别是近 20 年来，国家出台了一系列的政策文件来加强青少年的体育教育工作，体育教育已经深受我国政府和社会的关注和支持，体育教育事业在我国迎来了发展的良机。

综上所述，社会经济的发展会在一定程度上制约体育教育的发展，

但是良好的社会经济发展会为体育教育的发展提供良好的土壤，促进其健康发展。而体育教育事业的不断推进，也会为社会培养一批德智体美全面发展的人才，从而为社会的经济发展提供更好的服务。因此，两者是相辅相成的、缺一不可的。

（三）体育教育研究的多维体育观和方法论

随着现代社会的快速发展，人与人之间的竞争越来越激烈。因此，在学校教育中，必须提高体育教育的质量。通过体育教育的方式，培养身体强健、意志坚强、能适应现代社会竞争的、具有综合素质的现代人才。那么就要求我们必须从多方面，并且用多种方法去研究体育教育，从而为体育教育提供一定的理论支撑。

体育教育的本质，应该从生物学、社会学、心理学、人体科学等多维的角度去探究，其本质的理论应该是全面的、系统的、多维的、立体的。现代体育教育的发展，已经充分显示出它的多种功能。人们认识和研究体育教育已经从单一的体育教育观转向多维的体育观，从社会学、心理学、生物学、人体科学等多个学科层面，去多方位、多层次地研究体育教育的本质。随着社会的进步和不断发展，还需要不断更新观念，不断提高研究的方法技能，并从多角度去分析和研究体育教育，这样才能使体育教育不断适应社会发展的需求，促进体育教育的改革与发展。

二、体育教育的结构

（一）体育教育结构的基本要素

体育教育的结构可以通过体育教育过程的基本要素来体现。体育教育过程的基本要素包括体育施教者、体育受教者、体育教材和媒介。

1. 体育施教者

体育施教者是体育教学的指导者和组织者，在体育教育过程中起着主导作用。体育施教者不仅包括体育教师、体育教练员等专职工作者，还包括社会体育指导员、健身教练等社会人士，他们都是体育教育的施教者。他们通过认真备课，合理利用一定的体育手段和方法，通过体育媒介、自身的运动动作及语言来指导受教者们进行运动技能的学习。体育施教者是体育教育过程的主导要素，往往会对体育教育的成效产生重要的影响和作用。因此，应充分发挥施教者的导向与组织作用，从而保障体育教育能够沿着正确的轨道进行。

2. 体育受教者

体育受教者既是体育教育的对象，又是体育教育学习的主体，因此，应该积极发挥他们的能动性，促进他们积极参加体育教育。受教者和施教者应该相互配合，默契协作，共同完成整体的体育教育过程。

3. 体育教材和媒介

体育教材既是施教者授课的内容，又是体育学习者知识的源泉。施教者应该根据教材大纲、内容和目标来设计体育教育的教学过程。而体育教育过程，需要借助一定的媒介才能完成，媒介是体育教育不可分割的一部分，这种媒介除了一定的体育手段和方法外，还包括施教者自身的人格、情感、意志等。

综上所述，体育教育过程的三个要素是紧密结合在一起，互相融为一体的。而且体育教育过程并不是三者的简单组合，还必须通过施教者和受教者的互动，使各要素进行有机的动态结合，构成统一的整体活动，促进体育教育过程的顺利进行。

（二）体育教育结构的基本规律

1. 体育技能的习得规律

体育技能的学习是从不会到会，从不熟练到熟练的一个过程，是人体动作技能形成和提高的过程。其主要包括三个阶段。

（1）粗略掌握动作技能阶段；

（2）不断改进和提高动作技能阶段；

（3）动作的整合定型阶段。

通过这三个阶段的学习，体育技能基本形成。

2. 运动负荷的变化规律

体育教育过程中，必须注意运动中的生理负荷，既要合理地运用人体的生理负荷，也要注意合理地控制生理负荷，遵循人体运动规律。

3. 提高运动认知能力的规律

要注意帮助学生学会协调和控制自己的身体以及熟练操作体育器材，培养学生的空间和距离感知能力，提高学生的运动认知能力。

4. 集体性学习的规律

在体育教育过程中，要注意通过一些集体项目，如足球、篮球、棒球等，培养学生的团队精神和凝聚力，让学生在比赛中接受集体性的教育，学会集体性行为，认同这个集体。每场国家队比赛前的唱国歌仪式总能唤醒人们的集体意识，奥运会上的奏国歌仪式也能增强人们的集体荣誉感和国家荣誉感。因此，体育教育可以帮助人形成一定的集体性。

（三）高等体育教育结构的一般特征

1. 整体性

高等体育教育结构是一套复杂的系统结构，其中，离不开教育部大学生体育协会、国家体育总局、各省教育厅和体育局的督促和指导，也离不开各高校的配合和执行，更离不开大学体育教师和大学生的积极参与。总之，高等体育教育的结构是一个完整的系统，需要各个成员之间密切配合、共同执行，才能完成高等体育教育的任务，为培养全面发展的高等教育人才作出应有的贡献。

2. 开放性

高等体育教育结构具有一定的开放性。这里的开放性是指高等体育教育需要不断地从外界补充自身运行所需要的人员、信息、资源、能量等，也需要将自身在运行过程中产生的多余资源、废旧信息排除在外，不断完善和更新自己的运行机制和系统，从而顺利运行和发展。

3. 稳定性

首先，一个系统要想正常运行，必须具备一定的稳定性。系统的稳定性是指在外界环境影响下，系统具有一定的自我稳定能力，能够在一定范围内自我调节，从而恢复和保持原来的有序状态或达到新的有序状态。从高等体育教育结构的构成要素来看，教育部、学校主管部门、学校体育部或体育院系、大学体育教师、大学生、大学体育场馆等共同构成了高等体育教育结构系统中相对稳定的存在的要素。教育部通过制定一些政策文件来要求各个大学的体育教育内容，如制定国家体质健康标准、各个大学通过要求体育教师来教导学生参与体育活动、大学生必须通过积极的锻炼和运动才能达到体质健康的标准，因此，这个系统是相

互联系的，具有一定的稳定性，保障了体育教育活动的顺利进行。

三、体育教育的功能

（一）体育教育的本质功能

根据体育教育的本质特征，体育教育的本质功能包括健身功能、健心功能、教育功能。

1. 体育教育的健身功能

（1）提高人体心血管系统的机能

① 参加体育运动，可以使心肌细胞内的蛋白质合成增加，心肌纤维变粗，从而使心肌收缩力量增强，进而使心脏的每搏输出量增加，心脏的供血能力就会增强。

② 参加体育运动，可以增加血管壁的弹性，从而预防或缓解因血管壁退化引起的疾病，如退行性高血压等。

③ 参加体育运动，可以加大人体毛细血管的开放程度，从而加快血液与组织液的交换，提高机体新陈代谢的水平。

（2）增强人体呼吸系统的机能

① 经常参加体育运动，特别是做一些有氧耐力运动，如长跑、游泳等运动项目，可以使呼吸肌的力量增强，促进肺组织的生长发育和肺的扩张，从而使肺活量增加。

② 参加体育运动后，由于增大了呼吸肌的力量，从而使呼吸深度增加，提高了肺的通气效率，从而提高氧从肺进入血液的能力。

（3）促进人体骨骼和肌肉的生长发育

人的生长和发育主要体现在骨骼和肌肉的生长和发育方面。参加体育活动可以促进骨骼和肌肉的生长发育。人身高的不断增长，主要是因

为人长骨的骺软骨的不断增生，直到其骨化完成，身高将不会再增长。在青少年时期，通过让青少年接受一定的体育教育，参加一些体育运动，特别是一些跳跃类、牵拉类的运动可以刺激骨骼中骺软骨的增生和分裂，从而促进青少年身高的增长。此外，参加体育运动还可以使人的骨骼变粗、骨密度增大，并且可以增强骨骼的抗压和抗弯折能力。相关医学研究表明，经常参加体育运动，可以增加人体内氧化酶的浓度和线粒体的数量，从而提高人体肌肉的有氧代谢水平，提高肌肉的能量利用能力，从而更好地为机体供能。总之，青少年参加体育运动，可以促进骨骼和肌肉的生长发育，从而健康地成长。成年人参与体育运动，可以保持骨骼的硬度和韧度，保持肌肉的力量和柔韧性，从而健康地生活。

2. 体育教育的健心功能

这里所说的健心功能主要指的是，通过参与体育运动，可以调节人的心理状态，促进人保持心理健康。

现代社会极大地丰富了人们的物质生活，但是人们的精神生活却不能很好地得到满足，快节奏的生活、高压力的竞争，使生活在城市中的人们在精神上和心理上出现了一定的问题，出现了诸如抑郁、焦虑、感情淡漠等心理症状。而在青少年群体中，如恋爱受挫、考试升学的压力、大学生就业的压力等都给他们带来了不同的心理问题，而心理健康对人的整体健康具有重要的意义。

参加体育运动能够调节人的心理状态，促进人的心理健康，主要体现在以下方面：参加体育运动，可以刺激人体产生一定的内啡肽，而内啡肽具有调节体温、心血管和呼吸功能，调节人不良的情绪，振奋精神，缓解抑郁的作用，使人的身心能够保持轻松愉悦的状态。此外，参加体育活动可以增加人与人之间的情感交流，特别是一些集体的运动，可以培养人的团结协作精神，化解人的孤独感和抑郁感。参加体育活动还可以让人获得自信，比如在比赛场上的制胜一击，球场上的关键角色的扮

演等，都可以让人对自己进行一个重新的认识，在现实生活中的失败，或许可以在赛场上获得认可，从而增加自己对生活的信心。总之，参与体育运动是一项非常好的调节人心理的活动，可以促进人的心理健康。

3. 体育教育的教育功能

作为一种教育活动，体育教育对人的教育功能是其本质功能之一，主要体现在以下四个方面。

（1）教会人基本的生活能力

人从生下来以后，缺乏生存需要的基本能力，如走、跑、跳等，这些都需要后天加以学习和训练，而体育教育是最好的途径。体育教师从小就教我们站立、走路、跑步的正确姿势，为我们日后生活打下了坚实的基础，这是人最初始的需求，从这个角度来讲，体育教育不可或缺。

（2）传递体育知识和文化

体育，是人类生产生活中不断形成的文化活动，是一项宝贵的文化遗产，因此，必须通过一定的活动来传递这种文化。体育教育，就是承担这个职责的最好助手。通过体育教育，人们可以学习体育知识，掌握锻炼身体的办法，并且可以让人认识到体育对人的健康的价值，促进人们形成一定的体育意识，养成体育运动的习惯，从而形成健康的生活方式。引导青少年参加体育比赛、观看体育比赛，使他们对体育规则和文化有进一步的认识和了解，能够起到传递体育文化的作用。

（3）促进人的社会化

每一个人不仅是一个自然人，更是一个社会人，具有很强的社会性。人从出生开始，只有生物属性，后来在家庭教育、学校教育、社会教育的共同作用下，人的生物属性逐渐被社会属性取代，逐渐完成个人的社会化。每个人只有完成社会化，才能不断适应社会的需要，如果一个人不能充分地、完善地完成社会化，那么他就可能会对社会产生一定的危

害，因此必须努力促进人的社会化。

很多学者都提出了通过体育教育、体育运动来促进人的社会化。这是因为，人在参加体育运动或者体育比赛时，都需要遵守项目的规则和要求。而遵守规则放到社会领域便是遵守法律法规、遵守纪律等。体育比赛中强调的公平公正，如果延伸到生活中，就是追求社会的平等和公正。在参与体育比赛的过程中，需要跟不同的人交往，例如队友、裁判、观众等，这些都可以帮助人适应社会中的角色，通过参与和体验，不断修正自己的行为。体育教育是一项非常好的促进人社会化的活动。

（4）进行爱国主义的教育

在体育教育的活动中，通过体育比赛等活动，可以激发人们的爱国热情，是一种非常好的进行爱国主义教育的手段。我们时常能在奥运会、世界杯等世界性大赛的舞台上看到运动员在取得胜利后披着国旗绕场一周的画面，这些都能给观看比赛的青少年传递极大的爱国热情，对他们进行良好的爱国主义教育。国际比赛前的奏国歌仪式，总能激发人们爱国的热情，让人们接受一次爱国主义的洗礼。

（二）体育教育的延伸功能

体育教育除了本质功能以外，还有一些延伸功能，其延伸功能主要包括娱乐功能和经济功能。

1. 娱乐功能

在进行体育教育的过程中，可以感受到体育活动与娱乐的天然联系。体育运动本身就包含着娱乐的元素。体育教育过程中，为学生安排的体育游戏，里面就含有娱乐的成分。现代的体育教育，已经不是传统意义上的体育课了。人们在闲暇时间参加一定的体育教育活动，如参加体育培训班、接受健身指导等，都可以缓解人紧张的情绪，让人产生快乐的情绪，从而起到娱乐人的作用。

2. 经济功能

体育教育的经济功能主要体现在以下几个方面。一是，通过让人学会体育技能、参加体育运动，促进人的身心健康，从而可以为国家和社会健康工作，就像那句口号"每天锻炼 1 小时，健康工作 50 年"。一个人只有拥有健康的体魄，才能为社会创造出价值，创造出经济效益和社会效益。这是体育教育经济功能的间接体现。二是，现代社会已经拥有了很多的体育教育培训机构，通过培养青少年的体育技能来产生经济效益，这是体育教育的经济功能之一。三是，通过体育教育可以培养一批竞技运动员，而优秀的竞技运动员可以成为体育明星。体育明星具有很强的吸金能力，如一些足球运动员的代言收入可以达到几千万美元，这是他们产生的经济效益，也是体育教育产生的经济效果。

第四节　当前体育教育的热点问题

目前，在我国体育教育领域，有很多值得研究的热点问题，本节讨论的是当前我国高校体育教育中需要研究的热点问题。主要包括以下几个方面。

一、大学生体质健康下降的问题

近些年来，社会上对大学生体质健康的问题越来越关注，主要是因为我国大学生体质不断下降。虽然国家采取了一系列的措施来扭转这种局面，但情况还是不容乐观，因此，高等学校的体育教育必须成为扭转这种被动局面的助推器。通过了解大学生体质健康的现状，分析影响大

学生体质健康的因素，根据分析的结果，调整大学体育教育的结构。从研究的结果来看，影响大学生体质健康的因素有很多，其中高校体育教育过程中存在的问题如下。

（一）高校体育教学目标的单一化

目前我国高校体育的改革已经取得了一定的进展，但仍然存在一些问题。很多高校为了追求短期的效益，往往将体育教育目标定得过于功利、单一，只关注学生的体育成绩和比赛成绩，忽略了对学生长期的身心健康和综合素质的培养。这种情况下，学生往往只是为了达到学校的要求而参加体育活动，缺乏真正的兴趣和动力，不利于培养学生的终身体育意识。在现实中，很多高校过分强调学生的现实锻炼，而忽略了对学生从事体育活动的兴趣和爱好的培养。这种情况下，学生往往只是机械地按照教师的要求进行锻炼，缺乏主动性和创造性，不利于培养学生的体育兴趣和爱好。同时，这种教育方式也容易导致学生产生体育厌倦情绪，影响他们参与体育活动的积极性。高校体育教育应该注重培养学生的体育兴趣、爱好、意识和习惯，让学生真正喜欢体育活动，愿意主动参与其中。同时，还应该注重培养学生的独立锻炼能力，让他们能够在没有教师指导的情况下自主进行锻炼，从而提高身体素质和健康水平。只有这样，才能真正实现高校体育教育的目标，为学生的身心健康和综合素质的提升作出贡献。

（二）高校体育教学过程的技术化

在一些高校体育教学过程中，存在过高的技术要求削弱了学生参与体育学习的热情和欲望的问题。首先，过高的技术要求可能会让学生感到压力。在体育教学过程中，教师往往会设置一些技术要求，以帮助学生掌握正确的运动技巧和提高运动水平。然而，如果技术要求过高，超出了学生的能力范围，就可能削弱学生参与体育学习的热情和欲望。其

次，大部分学生偏重文化学习而运动能力不足。很多学生往往将大部分时间和精力投入文化课程的学习中，而忽略了体育运动的重要性。这就导致很多学生的运动能力不足，进而影响了他们对体育学习的兴趣和热情。不切实际的过高技术要求必然会使他们产生畏难心理。当学生在体育学习中遇到过于复杂的技术要求时，他们可能会感到无法掌握或难以达到这些要求，从而产生畏难心理。这种心理会让学生失去信心和动力，进而导致他们失去参与体育教学的热情和欲望。为了解决这些问题，高校应该采取一些措施来改善体育教学。首先，教师应该根据学生的实际情况和需求，设置合理的技术要求。技术要求应该与学生的能力相匹配，既能够帮助学生掌握正确的运动技巧，又不会让他们感到太过困难。其次，高校应该加强对体育教学的宣传和推广，让学生认识到体育运动的重要性。同时，高校还可以通过开展各种体育活动和比赛，吸引更多的学生参与其中，激发他们对体育的兴趣和热情。此外，对于那些运动能力不足的学生，教师应该给予更多的关注和支持，可以为他们提供一些额外的辅导和训练，帮助他们提高运动能力。同时，教师还可以通过一些有趣的活动和游戏，激发他们的兴趣和热情，让他们更加积极地参与体育学习。

（三）高校体育教学组织的机械化

在当今的大学体育教学中，一些学校仍然沿袭着以"课堂为主、书本知识为主、教师主导作用为主"的"三为主"教学方式。这种教学方式过于强调书本知识的传授，而忽略了体育活动的实践性和操作性。在这种教学方式下，学生往往只是被动地接受知识，缺乏主动参与和独立思考的机会，这与体育活动所具有的特征相悖。"课堂为主"的教学方式使体育教学过于注重对课堂知识的传授，而忽略了体育实践。体育是一门实践性很强的学科，需要学生在实际操作中掌握运动技能。然而，以课堂为主的教学方式往往只是将知识灌输给学生，没有给予

学生足够的实践机会，这使学生难以真正掌握运动技能和形成健康的生活方式。"教师主导作用为主"的教学方式使体育教学过于强调教师的权威性和主导作用，而忽略了学生在教学中的主体地位。在体育教学中，学生应该是教学的主体，而教师应该是引导者和辅助者。然而，以教师主导作用为主的教学方式往往只是强调教师的权威性和主导作用，没有给予学生足够的自主权和参与机会，这使学生难以真正发挥自己的主动性和创造性。在这种"三为主"教学方式下，教学形式多数是"命令式、模仿式、检查式"的"三式"教学过程。这种教学过程忽略了学生在学习中的主动性和创造性。同时，这种教学过程也过于注重检查和评估，没有给予学生足够的反馈和指导，这使学生难以真正了解自己的学习情况和提高自己的学习效果。为了改善这种状况，高校应该采取一些措施来改革体育教学。教师应该转变教学观念，从以"三为主"教学方式转变为以"学生为主体、教师为引导者"的教学方式。教师应该注重学生的主动性和创造性，给予学生足够的自主权和参与机会。同时，教师应该注重实践操作，给予学生足够的实践机会。

（四）可选的体育运动项目偏少

在高校的体育教育过程中，有必修和选修两类形式的体育课，其中，在选修课的教学中，由于某些运动项目选择的学生人数过多，致使教师与学生比例不均衡，加之受场地限制，部分学生选择不到自己喜欢的项目，学习效果必然受到影响。这是大学体育教育必须加强的一个环节，高校应该尽可能地开设不同的运动项目，为满足大学生的多元化体育需求而服务。

（五）在体育教育中只重视技术教学

大学体育教育是大学生综合素质教育的重要组成部分，对于培养学

生的身心健康和终身体育意识具有重要意义。然而，目前的大学体育教育中存在一些问题，其中最突出的是只重视体育技术的教学，而忽略了对大学生的体质健康教育，忽视了对学生进行终身体育的教育。许多高校在体育教学过程中，往往只注重体育技术的传授，而忽略了体质健康教育的开展。虽然学生在体育课上能够学到一些技能和知识，但由于缺乏健康体质的支撑，往往难以在实践中发挥出应有的水平。高校对于学生的体育教育缺乏长远规划，只注重眼前的成绩和效益。学生在校期间，一、二年级体育课成绩及格才能拿到学分，准予毕业。在此要求下，大学生较重视体育课及课外体育锻炼，上体育课和参加课外体育锻炼的积极性高，身体素质提高较为明显。但到了三、四年级，体育课只是选修课（部分高校甚至在此阶段根本不开设体育选修课），由于缺乏管理及约束机制，许多学生渐渐放弃了自觉锻炼，进而造成体质健康状况下降。为了解决这些问题，高校应该积极构建立体化的体育教学体系。立体化的体育教学体系是指将体育教育贯穿于学生的整个大学生涯中，不仅在课程设置上要注重体育技术的传授和体质健康的提高，还要在课外活动中积极引导学生参与体育锻炼，营造良好的体育氛围。只有这样，才能更好地实现体育教育的目标。

（六）高校体育场地的匮乏

高校体育场地器材的缺乏是一个不容忽视的问题，它不仅影响了大学生的体质健康，还限制了高校体育教育的发展。高校教学资源有限，许多高校面临着体育场地不足的问题。尽管有些高校拥有一些体育场馆和器材，但这些设施往往难以满足学生的需求。在人数众多的大学里，体育场地器材的短缺问题尤为突出。这就导致许多学生在体育课上无法得到足够的锻炼，也无法通过体育活动来提高自己的体质健康水平。高校经费紧张，对于体育教学所需场地、器材的投入也相对较少。尽管国

家近年来不断增加高等教育经费的总额，但是这些经费往往被用于学生住宿、重点学科教学科研等方面的建设。这就导致高校体育教育的硬件设施无法得到保障，从而影响大学生的体育锻炼。此外，体育场地器材的缺乏还影响着大学生的体育兴趣和参与度。如果学生无法得到足够的锻炼机会，他们的身体素质就会逐渐下降，对于体育活动的兴趣也会逐渐减弱。这不仅会影响学生的个人发展，还会对整个学校的体育氛围产生负面影响。特别是在一些中西部高校，由于经费紧张，学校会把钱用在其他地方，而不是大学体育场地的建设。在缺乏必要的体育场地设施进行体育锻炼的情况下，大学生自然也就没了参与体育锻炼的欲望，体质也就随之下降。

二、高校体育教育思想的问题研究

伴随着我国体育教育的改革和发展，我国高校的体育教育思想也随之不断变化。从最初的"自然体育"的体育教育思想，到现在的"全脑"的体育教育思想，高校体育教育思想发生了一定的演进，并不断走向完善和成熟。学者们近些年来还进行了对体育教育思想历史回顾的研究，主要是对近代以来的体育教育思想进行了回顾，对这些思想变化出现的原因进行了探索。此外，还有很多关于各个教育家的体育教育思想的比较研究，如杜威与陶行知的体育教育思想研究、夸美纽斯的体育教育思想研究、蔡元培的体育教育思想研究、吴蕴瑞的体育教育思想及其历史贡献等，还包括卢梭的健康教育思想对我国体育教育的启示等，这些研究成果都极大地丰富了体育教育的思想内涵，也为高校体育教育思想的研究提供了一定的理论基础，为高校体育教育事业的发展提供了思想上的指导。

三、高校体育教育体制改革的问题研究

当前我国的社会改革已经进入了各个领域，体育改革也进入了深水区。为了加强对体育改革的研究、统筹、实施，国家体育总局成立了全面深化改革领导小组（简称"改革领导小组"）及改革领导小组办公室（简称"改革办"），将全面围绕体育改革发展中的突出问题，渐次、深入推进四梁八柱性质的改革，确保各项改革取得实效，用改革带动和推动各项体育工作的开展。而高校体育教育在我国的体育事业中占据着一定的地位，关于这方面的改革问题应该被列入研究当中。目前关于高校体育教育体制改革的问题主要包括以下几个方面。

（一）高校体育教育发展战略的研究

战略，是对事物发展全局的考虑和规划，是事物发展的根本指导。目前，我国的高校体育教育已经出现一些稳步发展的态势，但是由于一些顶层设计的问题，发展还是遇到了一些瓶颈。因此，应该继续努力研究我国高等体育教育的发展战略问题，做好顶层设计，为进一步促进高校体育教育改革提供一定的思想指导。

（二）高校体育教育管理体制的研究

目前在我国，高校体育教育的管理体制正显现着一定的弊端，存在一些亟待解决的问题。例如，我国高校体育教育仍依赖教育部门和学校来管理、规定和执行大学生的体育活动。我国也有专门的大学生体育协会来组织和管理大学生的体育活动，但是，由于缺乏体育部门和相关体育协会的参与和支持，从专业性、科学性上，不能给大学生参与体育运动以很好的指导和建议。虽然这些年来，我国在竞技体育领域

不断取得进步和突破，但是从大学生群体走出的高水平运动员却非常少，这在一定程度上也反映了我国高校体育教育的相关问题。因此，应该梳理一下高校体育教育的领导主体、协助主体以及参与者之间的关系，确立一套合理的高校体育教育管理体制，为高校体育教育的发展广开门路。

四、高校体育教育专业改革的问题研究

目前，在我国高等院校培养的体育人才中，体育教育人才是其中最重要的一类人才，他们在毕业以后承担着各级各类学校的体育教学任务，为中国的体育教育事业作出了很大的贡献。但是这些年来，体育教育专业就业率低的问题屡见报端。一方面是因为大学生数量增多，就业压力大；另一方面与我们培养的人才质量不高也有很大的关系。因此，我们应该积极探索体育教育专业改革的问题，为培养出符合当今社会需求的体育教育人才作出应有的贡献。为此，应从以下几个方面进行探索。

（一）确立体育教育专业的发展战略和目标

根据国家体育事业的发展需求和健康规划，确立我国体育教育专业的发展战略和目标，不断调整培养的思路和目的，改变过去只培养中小学体育教师的传统目标。随着社会的发展和需求的变化，现阶段，体育市场对体育教育人才的需求除了能教授体育技能外，还需要懂得其他的健康和心理学知识，此外还可以培养优秀的运动员，为国家的竞技体育服务。

（二）合理规划和布局体育教育人才的培养

根据社会需要，合理规划布局和设置调整体育教育专业的招生院校，

是当前高等体育教育的重要任务之一。这不仅有助于提高体育教育人才的培养质量和数量，还能更好地满足社会对体育人才的需求，促进体育事业的发展。根据社会需要，合理规划布局和设置调整体育教育专业的招生院校是必要的。随着社会的发展和人民生活水平的提高，人们对体育的需求不断增加，对体育人才的质量和数量也提出了更高的要求。合理规划布局和设置调整体育教育专业的招生院校需要考虑多种因素。一是要考虑到不同种类、地区、层次和形式的体育教育结构状况。由于不同地区、不同层次的学校对体育人才的需求不同，因此招生院校的设置调整应该根据实际情况进行，以适应不同层次、不同种类、不同地区的需求。二是要考虑到体育教育的专业规模、层次和口径。专业规模的大小应该根据市场需求和学校实际情况进行设置，层次和口径也应该根据学校的定位和人才培养目标来确定。只有综合考虑这些因素，才能使体育教育人才的培养种类、数量、水平与体育事业发展需要相契合。为了实现合理规划布局和设置调整体育教育专业的招生院校的目标，需要采取一系列措施。一是要加强政策引导，鼓励高校根据市场需求和自身条件进行专业设置和调整。二是要加强与企业的合作，通过校企合作等方式共同培养体育人才。三是要加强师资队伍建设，提高教师的专业素养和教学水平，从而更好地指导学生进行体育锻炼。四是要加强课程建设，优化课程设置，提高教学质量，培养具有创新精神和实践能力的体育人才。

（三）依托社会力量协助体育教育专业的培养

目前在我国，体育已经受到社会各个层面广泛的关注和支持，体育在人们生活中的地位也越来越高。市场上也出现了很多规模很大的体育教育培训机构，因此，可以借助社会上的力量来帮助高校进行体育教育人才的培养，一方面可以提高培养的质量；另一方面可以根据市场的需

求来进行培养，做到人尽其用。

（四）引进国外先进的体育教育理念和方法

当今社会是一个全球化的社会，各个国家的体育教育理念和方法都存在着很大的差别，特别是在一些西方发达国家，比如美国、英国等，它们拥有先进的体育教育理念和方法，我们应该积极拓展这方面的研究，引进和吸收这方面的经验，为我国体育教育专业的培养提供一定的理论支撑。

五、高校体育教育中性别不平等的问题研究

在我国的高校体育教育中，存在着男女在参与体育教育方面不平等的问题，主要表现在体育资源的占有不平等，教学内容和方法主要针对教学设计的不平等，男女体育教师配备的不平等。造成这种现象的原因有很多种，有外部的文化因素，也有女生自身的因素，应该加强这方面的研究和探讨，促进女生在参与体育教育上的平等化。

第二章　高校体育教育改革的思想基础

本书第二章为高校体育教育改革的思想基础，主要介绍了四个方面的内容，依次是"寓德于体"教育思想、"寓智于体"教育思想、"寓美于体"教育思想、"寓乐于体"教育思想。

第一节　"寓德于体"教育思想

一、"德"在高校体育教学中的意义分析

增强学生体质，培养学生良好的身心素质，是高校体育教学的根本目标和出发点。学校的体育课程是学生身心共同参与的活动。体育教学过程主要是一个让学生身体素质得到全面发展的过程。在体育教学的过程中，教师向学生传递知识、答疑解惑，提高其身体的力量、速度、耐力、柔韧、灵敏等素质。与常规的文化课教学不同，体育教学以体育锻炼实践为主，更侧重身体素质的培养。当今社会，由于亚健康人群的增多，身体健康日益成为人们关注的焦点，体育健身锻炼逐渐成为人们生活中不可或缺的部分，体育教育的地位也因此变得越来越重要。伴随着体育教育影响范围的扩大，人们也挖掘出体育教育的德育价值。德育，

主要是指对学生思想素质和道德层面的教育。德育的过程实际上是一个善恶辨别和道德价值观树立的过程。德育的最终目的是帮助学生树立正确的道德价值观，对是非荣辱形成正确的评价标准，最后内化为自身的内在品格，保持并发扬于有形的生活之中。德育是教育教学的重中之重，它同样也应该贯穿体育教学的始终。因此，现代高校体育教学也成了德育教育的重要载体和桥梁。纵观体育教学，"德"在其中主要具有以下五点意义。

（一）培养学生的坚强意志

与竞技类体育教学不同，高校体育教学对学生的技战术没有那么高的标准和严格要求。但是，现代体育教学已经不完全等同于技战术和身体素质教育了，它还需要培养学生的优良品质和良好的意志力来共同达成当今社会所提出的全新的体育教学目标。例如，跳马、双杠需要学生的勇气、自信进行自我挑战，长跑运动需要学生的耐力和坚持不懈，足球、篮球等需要学生长期摸索和学习，等等。基于此，体育教师应以体育课程标准为基本着眼点，适时创新教学内容，对每一个学生进行个性化的特殊教学。通过一系列的体育教学活动培养学生坚持不懈、敢于拼搏、勇敢向前的道德品格，并使学生能够将之融入未来的工作和生活之中。

（二）培养学生的竞争意识

现代社会是一个高效率、快节奏的社会，因此，人们若想在社会中脱颖而出，必须时刻保持最佳的竞争状态。现代社会要求人们必须具备敢于拼搏、敢于竞争的精神。体育教学为竞争素质提供了很大的发展空间。竞争意识，简而言之，就是对外界活动持有积极应对的心理反应。人们在竞争意识的引导下进行一系列竞争行动。作为体育运动项目突出特点的竞争因子可以在体育竞赛中表现得淋漓尽致。体育教学过程中所

组织的一系列体育竞赛和活动，可以激发学生身上的竞争因子，调动学生的竞争细胞，激发学生的最大潜能，让学生在体育竞争中内化竞争意识，树立顽强拼搏的竞争精神。从此种层面上来说，体育教学的德育功能主要体现在激活学生的内在竞争意识，培养学生勇于拼搏、敢于拼搏的竞争意识，在竞争中树立良好的道德行为规范等方面。

（三）培养学生的团队合作意识

虽然当今社会充满竞争，但是仍然掩盖不了合作是主旋律的事实。任何一个个体力量所创造的效益与合作产生的群体效益是无法相比的。合作意识是个体对共同行动及其行为规则所赋予的情感与认知。合作意识是合作行为的方向标，引领着合作行为的产生与发展。合作意识也体现在体育运动项目之中。如篮球、排球、足球、接力、拔河等集体类运动项目的开展，单靠一己之力根本无法完成。若想很好地完成上述这些活动，除了要掌握这些运动项目特有的技战术外，还需要队员之间的团队合作。只有通过队员之间的紧密配合，个人的价值才能在集体中得到最大的体现，最终实现自我价值，取得比赛的胜利。所以，体育教学不但给学生提供了交流沟通的平台，还为学生良好人际关系的搭建起到桥梁的作用。学生与学生之间关系密切了，交流频繁了，无形之中营造出相互帮助、相互关心、团结合作的融洽氛围。学生在感受到集体温暖之余，也能逐渐养成团结协作的精神，树立起集体主义的观念。这一切也必将为他们在日后融入社会奠定坚实的人生基础。

（四）培养学生的自我约束能力

自我约束能力，简而言之，就是自己能够控制自己的所作所为的能力。学校体育教学是一种以室外活动为主的动态群体行为，教学管理相对于常规学科来说较为困难，这就需要有一定的行为规范来保证体育教学活动的顺利开展。以运动竞赛项目为例，像"三大球""三小球"、田

径和各种集体类体育运动竞赛项目，必须遵循该项目特定的规则，用切身行动去维护它、捍卫它。规则无论对他人还是对自身的要求都是一样的，因而是公平的。它像一把标尺，衡量和监督每一位参赛者，让他们时刻保持清醒的头脑，用明确的规则来约束自己的运动行为。长此以往，学生就可自然而然地形成良好的组织纪律观，提高自我约束能力。

（五）调节学生的身心健康

随着社会经济的不断向前发展，人们的生活压力、工作压力越来越大，各种"富贵病"接踵而来。研究发现，体育运动可以帮助人们释放压力，保持心情愉悦，满足一定的心理需求。因此，在体育教学过程中，我们应该注重学生生理和心理的双发展。我们不仅要让学生在科学合理的运动负荷下，实现身体素质的全面提升，还要让学生在日常的体育教学训练之余，得到精神上的放松。学生在体育课堂上收获的不仅仅是健康的身体，还应该获得愉悦的心情，这才是体育教学的真正价值所在。

二、中外"寓德于体"教育思想的比较分析

（一）国外不同时期的"寓德于体"思想研究

1. 古埃及和古希腊时期

在古埃及，人们很注重子女的教育问题，古埃及人在关心子女身体是否健康之余，还很关注对子女智力和德育的培养。当子女还处于婴儿期，古埃及的父母们就让他们的子女赤裸着身体尽情地拥抱大自然，让孩子们在户外运动的过程中尽情享受充足的阳光和新鲜的空气；当子女

成长为少年时，古埃及的父母们会适时开展一些适合他们年龄特征、个性特征的游戏；当子女成长为青年时，古埃及的父母们会让他们尝试一些激烈的球类游戏和剧烈的户外运动，充分满足孩子们的身心需求。孩子们通过这些体育运动项目的锻炼，逐渐养成了遵守纪律、团结友爱、协作共赢的良好品格。体育运动的开展不仅有利于人们"体"的发展，也有利于人们"德""智""美"的综合发展。

古希腊人眼中的美德不单单指心灵美，更关乎人们的道德和心理之美。古希腊人认为，只有道德、心理、身体均健康发展才可以称之为美德。所以，他们倡导"智慧的人"与"行动的人"相统一的教育理想。古希腊人训练身体素质，不单单是出于自身力量素质和军事的考虑，他们更希望通过体育锻炼，培养坚强、勇敢、礼让、果断、智慧等良好品格。苏格拉底曾说过："体育和音乐教育一样，应该让他们从小就开始接受，而且体育训练应该十分小心且要终其一生。我并不认为不良好的体质本身有利于灵魂的修养，相反，美好的灵魂它本身能够在可能的范围内改善体质。"[①]此外，其他一些古希腊思想家也都分别从各个维度详尽地论述了体育与道德之间的关系，但万变不离其宗，其主要论点依然是体育有着不可比拟的道德教育价值。

在体育之于品格的价值研究上，古埃及人和古希腊人是明智的，他们很早就看到体育游戏和体育比赛的深层隐性价值。选取适合各个年龄阶段的体育游戏和体育比赛，不单单可以帮助锻炼者强身健体，更能在强身健体的同时丰富业余生活，提升他们的道德水平。古埃及人和古希腊人主张人的全面发展。全面发展不只包含身体强壮，还包含心理健全和道德完善。通过体育锻炼这一载体，让人发展成为健全的人，是他们更希望看到的结果。"寓德于体"的教育思想在古埃及人和古希腊人身上体现得淋漓尽致，值得我们学习。

---

① 金元浦. 奥林匹克精神与东方文化［M］. 北京：中国戏剧出版社，2008.

2. 文艺复兴和启蒙运动时期

文艺复兴后期法国人文主义思想家蒙田指出:"教育绝不是着重于一个人心灵的培养;我们的教育也不是注重到一个人身体的锻炼,教育的对象是整个的人;我们决不能将之一分为二……我们必须同等地给予发展,就像一鞭指挥着双马一样。"①那一时期体育教育的本质是想让学生在体育锻炼的过程之中提高身体素质、道德素质和心智素质。学生在体育锻炼之余,也间接促进了自身坚毅顽强、敢于挑战、吃苦耐劳等良好品格的养成。由此,"身心既美且善"成了该时期希腊人体育教育的主旋律。

英国著名的教育家约翰·洛克认为,体育是一切教育的基础。他认为教育主要由德育、体育和智育三部分构成②。但是,三者中的重中之重,他认为是体育。因为在他的观念里,培养出健康的人才是教育的最核心任务,而体育是能够实现这一任务的首要之选。继而,他在这一套教育理论的基础之上,又研究出了一套适应该时期社会发展的"绅士评比准则"。在"绅士评比准则"的第一条里,他要求绅士必须具备平衡发展的身心。他认为一个真正的绅士不应该只拥有强健的体魄,还应该拥有良好的教养和优雅的风度。

谈起启蒙运动,我们不得不谈到卢梭。"身心统一论"是他的基本理念。在他的思想世界里,人的身体和心理是不可割裂的,二者成比例地良好发展,才是适应社会、适应大自然的前提条件。卢梭注重感觉经验,他倡导积极参与体育运动和比赛。他认为运动和比赛可以帮助人们平衡竞争与合作,在体育运动和比赛过程中锻炼身体、净化心灵。此外,他还倡导广泛修建体育设施,推广体育竞技项目和游戏环节。他还提出进行体育锻炼的关键时期应该是在童年。因为该时期的孩子自我意识刚刚

---

① 李姗姗. 现代教育思想在高校体育教学中的应用研究 [M]. 成都:四川大学出版社,2014.
② 同上.

形成，理智还不成熟，可塑性极强。他主张在该时期通过体育锻炼来塑造儿童的自我意识和理智情感。

约翰·亨里希·裴斯泰洛齐是瑞士著名的民主主义教育家。他认为，体育教育对身体素质的价值是有目共睹的，体育教育对道德教育的价值也是不容小觑的。经过适宜的体育训练，儿童的身体和心理都可以获得健康长足的发展，这无形之中促进了道德教育目标的达成。除此之外，长期坚持不懈地体育锻炼，也必将会对锻炼者的意志品格产生重要的影响。不怕吃苦、敢于拼搏、勇于挑战、团结友爱、互助协作等都是体育锻炼衍生出来的无形的道德价值。由此可知，裴斯泰洛齐主张体育教育之初，应遵循客观规律，安排儿童进行科学合理的运动，在儿童可承受的能力范围内进行体育锻炼、提高身体素质、培养道德品格是正确的。他认为体操的目的在于使儿童的身体四肢、智慧和心灵处于相互统一的和谐整体之中，并指出手工劳动、竞技、体操和游戏都意义重大。

综上所述，众多教育家和思想家都主张人的身心要和谐发展。他们认为，身体和心灵是紧密关联的，应该抓住塑造良好品格的黄金时期——童年时期，安排一些合理的、适宜的体育运动锻炼，让孩子们在游戏、竞技比赛活动之中养成不畏吃苦、自立坚强、团结合作、勇于竞争、挑战自我等优良道德品格。这即是"寓德于体"。

3. 近现代时期

在近代时期的德国，体育被视为保持身体健康的一种手段，体育教育未受到人们的重视。当时德国的体育课程是以养生为主的，主要从卫生角度出发，研究一些与之相关的饮食、锻炼、着装、日光、空气等问题。被称为近代学校体育之父的德国体育教育家约翰·克里斯托夫·弗里德里希·古兹姆茨则认为，保养不足以成为体育运动锻炼的重心，体育运动锻炼应该侧重于帮助学生强筋健骨、提升技能、塑造品格。由此可知，体育教学的三大任务早在 18 世纪后期就已经基本明确了。有着"幼

儿教育之父"美誉的德国学前教育家、教育理论家弗里德里希·威廉·奥古斯特·福禄贝尔，主张抓住儿童早教这一黄金时期，优先开展体育锻炼，在游戏和竞技中开启学生的运动天赋，形成科学的道德品格，开发深层的大脑智慧。他对游戏活动之于心灵意义是肯定和认同的。一系列的体育游戏活动必然会对学生的道德品质和智力产生一定的影响，体育锻炼过程中学生逐渐养成的公平正义、忠诚苦干、顽强拼搏、自我约束、团结友爱的品质就是最好的证明。

19世纪20年代末，英国体育思想家托马斯·阿诺德很重视体育运动以及体育游戏对教育的作用，他主张在学校教育中广泛开展竞技游戏，培养学生顽强、果断、正直的思想品格，提升学生的全面素质，提高整体教学效果。19世纪50年代，小说《汤姆·布朗的学校生活》横空出世。该小说主要描绘了英国拉格比公学的生活，小说所折射出来的对竞技和体能的关注远比现实生活中多得多。这使得当时的人们，尤其是广大的教育家、思想家、神职人员和普通大众深受启迪，体育教育思想理念也随之发生了重大变革，竞争精神深入人心。赫伯特·斯宾塞紧随其后出版了《教育论》一书，书中的主要观点为注重游戏的自然性，反对赋予游戏鲜明的人为色彩。他主张体育教育过程中要记得遵循客观规律，要用科学的思想统领体育锻炼的全过程。他推崇以人的自然本性为核心内容的游戏环节，因为他认为只有让学生充分发挥本性，才有利于兴趣持久的激发和保持。他重视体育锻炼过程中人是否发挥了最大的自主能动性。此外，他口中所说的自主能动性还包含有一定的独立性，他所希望的自主能动性是在独立性的基础之上产生和发展的。他认为，人的独立性可以使人获得自信，形成坚强不屈和肯吃苦的优良品格。

爱默生发展了他的人类自我完善和自立哲学的思想理念，这种思想在健身运动和竞技之中都有着重要的指导意义。他认为强健的体魄是完成伟大使命的敲门砖、奠基石，体能是人类勇气和道德力量的源泉。因

此，健康才是人这一辈子最大的财富。他认为，离开游戏活动，单独谈一些空理论的教育是不完整的。尤其是对儿童而言，只有赋予游戏活动的游戏理论才会在他们身上生效，这些游戏本身才是最终的幕后的真正教育者。

苏联现代著名教育实践家、理论家瓦西里·亚力山德罗维奇·苏霍姆林斯基认为，体育在人个性的全面发展进程中发挥着不可替代的作用。德育、智育、体育、美育、劳动教育都是教育旗下的几个重要分支，都从属于教育，它们之间虽然侧重点有所不同，但是它们之间的关系是相互影响、密不可分的。因此，在对学生进行体育教育的同时，必然也会对他们进行一定程度的道德教育、智力教育、审美教育和劳动教育。他认为，在学生的不同成长阶段应进行不同的体育教育。例如，儿童时期的体育教育就应该以发展儿童的身体机能和促进健康为主；少年时期，体育教育的侧重点应当有所转变，除了提高身体素质外，还有拓展精神世界、发展智力潜能、激发道德情感、塑造道德品格、丰富审美内容、提高审美层次。在有了一定量体育锻炼的基础之后，身形的变化增添了人们的青春活力与自信，心态和性格也会因此变得柔和。

在历史的长河中，体育教育一直以其独特的方式塑造着人们的精神和身体。其中，"寓德于体"的教育思想在这一时期尤为突出。这种思想强调体育活动不只是增强体能，更要通过锻炼提升个人的道德品质和心理素质。众多体育家和教育家都十分重视人在体育活动中的独立性和自主能动性。他们认为，体育不仅是身体的活动，更是心灵的活动，是人类勇气和道德力量的体现。在体育活动中，人们可以发挥自己的主观能动性，通过努力和坚持，塑造自己的身体和意志。因此，他们主张依靠纯天然的游戏和竞技来锻炼人们的筋骨与体魄，激发情感，培养道德品格，最终塑造人的性格、磨炼人的心智。深入进行体育锻炼可以帮助人养成忠诚正义、果断勇敢、自我约束、自主自立等优良品格。

在体育锻炼中，人们需要遵守规则、尊重对手、公平竞争，这有助

于培养他们的公正感和团队精神。同时，体育锻炼中的挑战和困难可以激发人们的勇气和毅力，使他们更加坚定和自信。此外，体育锻炼还有助于培养人们的自我约束和自主自立能力。在体育活动中，人们需要自我管理、自我约束，这有助于培养他们的自律性和独立性。"寓德于体"的教育思想还强调了体育与健康的关系。通过体育锻炼，人们可以增强体质、提高免疫力、预防疾病，这是对身体健康的重要保障。同时，体育锻炼还可以缓解压力、改善情绪、提升心理健康水平，这有助于人们更好地应对生活中的挑战和压力。在现代社会，"寓德于体"的教育思想仍然具有重要的意义。随着科技的发展和生活方式的改变，人们越来越依赖科技手段而忽视了体育锻炼的重要性，这导致了人们身体素质下降、心理健康问题增多等一系列问题。因此，"寓德于体"的教育思想提醒人们要重视体育锻炼的价值，通过锻炼来提升身体素质和心理素质，培养优良的品格和习惯。

（二）国内不同时期的"寓德于体"思想研究

1. 先秦时期

"造棋教子"源于《路史·后记》记载："（丹朱）鳌很媚克。兄弟为阅……帝悲之，为制弈棋以闲其情。"[①]故事大意为：尧的儿子丹朱，嫉妒心强，骄傲蛮横，凶狠残暴，品德恶劣，兄弟之间争吵不休，矛盾重重。尧得知后心里很是焦虑，于是就命人制作了围棋教育丹朱，希望在"棋道"的教育下，人也能改邪归正。可见，围棋的教育功能不可小视，它教会人们"守之以仁、行之以义、秩之以礼、明之以智"。

春秋时期伟大的思想家、教育家、哲学家老子有云："不失其所者久，死而不亡者寿。"[②]这句话的意思是人若想肉体活得长久就不能离开生命

---

① 王彦坤. 路史校注［M］. 北京：中华书局，2023.

② 老子. 道德经［M］. 北京：中华书局，2022.

的根基，但若想获得真正意义上的长寿还是要保持精神上的人格。因此，要想获得真正意义上的长寿，光靠维持鲜活的肉体是远远不够的，还必须不断完善自己的品格，让精神之光常亮。养生，顾名思义，就是指身体的保养。但是究其实质，养生需要保养的不仅仅是单纯的肉体，还应包括精神人格。整个养生系统应该始终包含肉体和精神，二者缺一不可。我们应该把形体和精神都抓住，并且"两手都要抓，两手都要硬"。

　　孔子是儒家学派的代表人物，也是伟大的教育家、思想家。他在传承西周官学中"六艺"的基础之上，发展了独特的"礼、乐、射、御、书、数"等教学内容。这一教学内容反映了孔子的教育思想。他主张培养德、智、体全面发展的人。孔子的道德标准是"礼"，政治思想是"仁"，对于体育思想而言，他倡导遵"礼"。他所期冀的教育目标是发展文武双全、道德高尚的仁义之人。孔子尚文，但文必须"之以礼"。孔子尚勇，他认为："知者不惑，仁者不忧，勇者不惧。"但是，他又警告世人"勇而无礼则乱"。他主张无论"武"多么"勇"，也要服从奴隶主贵族之"礼"。故孔子有云："有文事者，必有武备，有武事者，必有文备。"[①]这里所提到的"武"是军事的意思，但由于古代体育大部分以军事为主，故"武"在这里可以狭义地理解为当今体育的源头了。对于"礼"而言，孔子讲求将其应用于实践，空谈"礼"绝不是他的本意。孔子善射御，在他行射的过程中，他对周围的旁观者和身在其中的参与者都有严格的礼仪要求。凡是道德礼仪低下者，均不允许参与其中。因为他认为行射的最终目的并不是谁输谁赢，而是在于品鉴人的道德。"君子无所争，必也射乎！揖让而升，下而饮，其争也君子。"[②]"射"不只拼技艺、讲方法，而且要以"礼"当先。行射的最终目的是从行射中学习礼数。由此可知，孔子注重身心合一的教育方式，倡导体育强身健骨之余，更加看重体育之于人的道德的影响。

---

① 黄敦兵. 孔子家语［M］. 长沙：岳麓书社，2021.

② 张丰乾. 可与言《诗》［M］. 北京：商务印书馆，2020.

墨子是墨家学说的代表人物，他主张"厚乎德行，辩乎言谈，博乎道术"[①]。他认为，"德"为"力行"提出了标准，指明了方向。他对学生进行德行教育，首先要求学生能够吃苦耐劳、坚毅不屈、敢于挑战。他也主张通过"行射""习御"这一体育途径来强健人的筋骨、内化人的品格。

荀子是著名的唯物主义教育家、思想家。他崇尚"乐行而志清，礼修而行成，耳目聪明，血气和平，移风易俗，天下皆宁，美善相乐"[②]。他认为，体育活动不仅对人的身心健康有所裨益，还会影响社会风气。

这一时期"寓德于体"的教育思想可以归纳为：肯定了体育对身心健康的价值，但是，这两方面相比较而言，更突出体育的健心价值，尤其是其德育价值。古代重视"行射""习御"，但是出发点绝不仅是强健身体，更多的是通过体育这一媒介，对人的心性进行磨炼，使人形成良好的品格和德行。

2. 唐宋、明清时期

在唐代，以木射为代表的体育活动盛行：用木为侯，以球代箭，用球击射木侯。木射场地上一端设立 15 根笋形平底木柱，其中有 5 根木柱分别用墨笔写上"傲、慢、吝、贪、滥"，10 根木柱分别用朱笔写上"仁、义、礼、智、信、温、良、恭、俭、让"。参加比赛的人员纷纷在木柱的对面用木球往木柱方向抛掷，击中有朱笔字的木柱即获得胜利，反之，则视为失败。通过这种带有朱笔和墨笔字迹的木柱，我们可以看出古人对哪些道德信仰持肯定态度，对哪些道德信仰持否定态度，进而帮助参加体育运动的人们形成正确的道德评判准绳。儒家"仁爱"思想在古代体育运动中也得到了很好的体现。在体育运动过程中，侧重点由取胜转移到了道德层面的比较，倡导"君子之争"，体育的礼仪性、娱乐性在该

[①] 马东峰. 古典哲学时代 诸子概论 [M]. 北京：北京理工大学出版社，2020.

[②] 刘德润. 中国文化十六讲 [M]. 上海：上海世界图书出版公司，2019.

时期体现得淋漓尽致。

明末清初杰出的教育家、思想家颜元，倡导培养文武双全、全面发展、综合素质高的学生。他认为，体育的价值不仅在于强壮筋骨，还有很多内化的智育和德育价值。他招收学生时就明确提出"礼、乐、射、御、书、数、兵"都将作为学习的重点课程，而其中"射""御""兵"是基础中的基础。颜元认为身体锻炼过程中，人们的道德修养和智慧成果必然有所增加。如若每日加以练习，假以时日，身心必将得到双向和谐发展。颜元倡导身心一致，主张德育、智育、体育同时发展，只有这样才能培养出社会发展所需的栋梁。颜元的体育德育论、体育智育论都是一种崭新的尝试，为后期体育的多功能发展奠定了坚实的基础。

这一时期"寓德于体"的教育思想主要可以概括为：儒家思想中，体育运动蕴含着忠诚仁义、谦虚宽厚、包容礼让等"仁爱"思想。教育思想家颜元透过体育的健体价值表象，挖掘出体育更深层次的智育和德育价值，他倡导促进学生德、智、体全面发展的教育。

3. 近现代时期

著名教育家蔡元培肯定了体育的首要地位。关于体育和德育的辩证关系，他坚持体育是基础，体育是根本，而道德教育是体育教育的衍生品。空谈道德的体育，会让人嗤之以鼻；空谈体育的道德，会让人的心灵无处安放。

中国奥运先驱张伯苓认为，"体育学科在学校教育中是一门基础学科，除了强健体魄外，还能培养公民的道德意识"[①]。张伯苓注重体育运动过程对人的道德素质的建构。"德体并进""体与育并重"是他的主要观点。在体育锻炼过程中，可以使人和人之间变得亲近，团队荣誉感增强，竞争与合作共存。因此，他总结道："竞赛是为了练习团队的合作守

---

① 刘伟. 高校体育教育创新理念与实践教学研究［M］. 北京：九州出版社，2019.

法的习惯，而体育旨在促进团队道德的养成"。[①]著名体育家马约翰在体育的价值问题研究上又有所突破。他认为，"体育除了具有强身健体和道德塑造的价值之外，还具有磨炼性格的价值。在体育的世界里，人的勇敢、顽强、拼搏等性格品质被极大地激发出来。"[②]

这一时期"寓德于体"的教育思想可以大致归纳为：肯定了体育的基础地位，与此同时也提出了"德体并进"思想。体育的价值从健身层面拓展到了培养道德、塑造人格等精神层面。体育的团结协作、竞争突破精神可以向爱国强国精神靠拢，为祖国的建设提供综合性人才。

三、体育教学中武术武德教育的实例分析

（一）在教学计划中渗透武德教育

在武术教学计划的制订之初，武术教师应该端正自己的立场，把武德教育看得与武术技术教育同等重要，让武德教育融入武术技战术教育的血液中来。诚然，开设武德教育课程是对此理念最好的诠释。武德教育课程可以围绕武德内涵、习武观念、武德精神等内容展开，让学生体会到中华武德的真正内涵，并引以为鉴，严格要求自己，树立科学的世界观、人生观和价值观，激发爱国热情，为祖国的建设贡献一份自己的绵薄之力。此外，武德学习的结果还应按照一定的考核标准纳入考试范畴，以便学生对武德的学习有着清醒的认识。

（二）将武德教育应用于武术教学实践之中

在武术教学实践中，武术教师应该采用多样多变的教学手段和方法对学生进行武德渗透。例如，在上课前期阶段，武术教师可以对学生开

---

① 梁吉生. 张伯苓的大学理念 [M]. 北京：北京大学出版社，2006.
② 黄延复. 马约翰体育言论集 [M]. 北京：清华大学出版社，1986.

展武术礼仪教育，让学生对抱拳礼、递接礼、器械礼有科学的认知和学习。在一系列的武术道德学习之后，学生便会逐渐养成尊师重道、以礼待人的美德。上课中期阶段，武术教师在教授武术技术的过程中，可以鼓励进度快的学生主动帮助进度慢的学生，形成互帮互助的良好竞争氛围，进而帮助其养成乐于助人的良好美德。上课后期阶段，教师可以教育学生把课上的武术方法和武术精神广泛应用到课下的日常练习中，让学生坚持练习。这样一来，学生就养成了坚持不懈、坚忍不拔的良好美德。

（三）将武德教育渗透到武术竞赛之中

在武术竞赛中，学生们可提高技术水平，相互交流思想，增进感情。竞赛的过程实际上也是一个自我品德提升的过程。在竞赛中，我们可以从对手身上汲取精华，提高自己的道德修养。武术教师在完成基本教学任务之余，还可以以提高学生的武德认知为目标，广泛组织学生开展一些武术课外活动。这些活动可以跨越班级、年级、系别，只要是对武德教育有益的，都可以为我所用。组织形式也可以广泛采纳学生的意见，只要学生能积极参与的都是可行的。

（四）选取优秀人文素材适时进行武德教育

历朝历代为国家牺牲的武林豪杰的故事都可以作为优秀的人文素材。他们身上忠于祖国、甘愿牺牲的精神可歌可泣，他们为我们阐明了武术的真谛，值得后人学习。中华武术因为有了这些英雄的存在而变得更加高尚。他们不断地为武术精神补给养料，为习武之人树立了良好的榜样。少林寺的武僧每天都会勤学苦练，风雨无阻，学生通过武术的学习，武德必然也会有所提升。

在全面推进素质教育的今天，作为学校体育教学重要内容之一的武术教学，应该适时进行教育改革，将武德教育融入武术教学中，并与武

术技战术教学并驾齐驱，充分发挥武术教育的武德教育功能，力求把每一位习武学生都培养成为技术底蕴深厚、道德素养较高、适应现代社会发展的新型人才。

第二节 "寓智于体"教育思想

一、"启智促健"是高校体育教学的必然选择

当今社会，素质教育成为教育的主旋律，然而体育教育作为教育的一个重要分支，除关注学生的身心健康外，还应把视野放宽，关注其智慧技能的提升。体育教学中应用的"启智促健"，是促进学生思维活跃、提高学生综合素质的重要方法。基于上述因素，"启智促健"也是高校体育教学改革的大势所趋。

（一）体育教学过程中"启智"的必要性

"启智"，顾名思义，就是启发学生的智力，最终获得智慧，这也是各门学科教授知识的最基本目的。研究表明，虽然经常参加体育运动可以启发学生的智力，但并不表示只要参加运动，智力就会随之增长。当然，智力和运动之间存在着某种关联，但是，两者之间也存在一定的矛盾。因此，找到智力和运动这两者的平衡点，才能找到解决问题的突破口，这也是我们研究的重要课题之一。体育教育找到智力与运动之间的最佳平衡点，就能帮助学生成长为德、智、体全面发展的综合型人才。如果单纯依靠体育运动，虽可达到强身健体之功效，也能在一定程度上促进智力的发展，但是智力的发展和体力的发展绝不会是同步的。因为体育运动首先能确保的是让大脑这个物质器官获得良好发育，继而为大

脑智力的发展提供沃土，至于将来智力如何发展则需要时间去印证。而体育教育可以弥补体育运动之不足，它好比是体育运动的营养剂和催化剂，在体育运动过程中影响学生智力的发育，最终帮助学生获得德、智、体全面发展。

在体育教学过程中运用"启智"是十分必要的。如果在体育教学中一味注重技能练习，忽视对学生智力的开发，那么将会使学生不能全面认知和掌握所学运动技术的规律，进而对其智力的发展和智慧技能的习得产生阻碍。体育教学必须通过外在的、具体的体育锻炼，将学生内在的智慧激发出来。体育教师要善于指导学生学习运用多种学习策略来提高自己的体育学习效率。

（二）启发学生智力，习得智慧技能的方法

1. 启发学生元认知参与体育教学

"教会学生学习"已成为人们普遍认可的教育真理，也充分体现了学生的主体地位和教师的主导地位，符合当今教学改革的理念。"授之以渔"对教师的教学提出了新要求，它要求教师要启发学生，让学生运用元认知能力来学会体育学习。

"元认知能力"是对认知能力进行调节和监控的能力，对促进学生学会学习有着重要的意义。元认知过程，实际上是一个对任务知识认知、对个体知识认知和对策略知识认知的过程。以体育教学为例，让学生在上体育课之前就对自己在要达到的体育目标、体育过程中将会遭遇的制约因素和学习该体育知识需要调动哪些思维和记忆等有所了解的话，那么学生进行体育知识学习的效率将会大大提高。元认知体验是体育教学中最重要的体验，它使学生不断调整认知策略，以选取最佳策略。学生通过观察和体验，逐步验证自己的动作是否正确合理，进而在一次次的失败中进行调整，直到最终掌握。元认知的体验可以调动学生认知的积

极性，激发学生的认知潜能。教师应教会学生掌握正确的元认知知识，让学生体验认知活动中自我调节与自我监控的快感，启发学生自觉思考。教师应在教学中调动学生参与体育活动的热情，激发其想象潜能和创造性思维，让学生从传统的"接受"学习束缚中解放出来，学会发现学习，形成适合自己的一套独特的学习理论和学习方法，引领自己掌握学习规律，从此成为学习的主人。教师还应引导学生进行学习方法和学习策略的分析与总结，从而使其不断地调整、控制学习活动，使学生成为学习的真正主人。

2. 启发学生进行新知识的建构

与动物不同的是，人脑可以对已掌握的知识、方法加工整理后，形成一套新的知识和方法，广泛应用到未来的学习生活之中。体育活动具有多变性，这就对学生知识的建构提出了新要求。因此，学生要学会根据不同的变化，改变自己的认知策略，对大脑中已成型的知识进行重新建构，以适应新的认知要求，掌握新的体育知识和技能，获得好的比赛成绩或练习效果。当然，有些建构的内容是可以提前预测或演练模拟的，但是对比赛中的任何一个细节任何人都是无法预料的。这就要求参加者调动身上的每一个认知细胞，找到适合当下比赛的技战术方法，在比赛过程中创造属于自己的一个又一个奇迹。从外部进入知觉的因素为智力的成长提供了很大的空间，学生对各种新技术的不断掌控需要在教师的引导下，对大脑中已经积攒下的体育技能进行重新组建，利用重新组建的新结果来尝试解决面临的新问题。因此，教师的引导和帮助显得尤为重要，它能帮助学生习得智慧技能和发展智力，以便学生在未来不断独自应对新问题。

体育教师要教会学生拓宽思维，建构知识，首先应该从全面了解学生做起，在全面了解学生、掌握其智力的发展规律之后，还要钻研教材，找到适合学生的教学方法，激发学生的参与积极性和创造性。体育教师

一定要突破常规思维，杜绝懒惰，教授学生常规的技术动作组合后，还应创编一些新的动作组合，以满足学生不同的兴趣需要。只有极大地激发学生的主观能动性，才能让学生学会学习，进而在未来的学习生涯中能够主动学习、主动探索、主动创新。

3. 启发学生进行知识的迁移

知识的迁移是未来学习过程中一种不可或缺的学习手段，它可以将人们大脑中已有的知识应用到类似的事情之中，借以解决新面临的类似的问题。这种特征也是人类所特有的。知识的迁移教会学生用一种学习方法去解决后面遇到的诸多相似的问题。学习的信息加工理论认为，新知识在记忆系统编码、储存和提取的过程，是新旧知识相互作用的过程。学习就是用新掌握的知识不断地去替代原有知识的过程，但是这种替代不是简单的、毫无连接的替代，而是有着某种特殊关联的替代。在这种替代作用下，形成知识的迁移。通过知识的迁移，学生能够举一反三，闻一知十。正迁移是迁移组成部分之一，顾名思义，即大脑中已有知识对后面技能习得有着积极影响的迁移。在教学过程中要多多鼓励学生进行正迁移，这也将对学生提高学习效率产生积极的影响。在日常体育教学过程中，技能迁移是关注的焦点，而对横向学科联系与技术原理方面的迁移的关注则少之又少。从学生角度出发，一味地学习动作根本无法吸引他们的注意力，在不感兴趣的前提下进行某些技能知识迁移，对他们来说更是难上加难。以体育教学为例，教师在教授体育运动技能的同时，也可以引导学生将体育学、生物学、物理学、卫生学等学科的知识进行关联思考，将众学科紧密地联系起来，将它们逐渐建构为一个全方位的、立体的完整知识体系。学生运用新获得的知识体系再理解体育的技术动作结构和意义，将收获颇丰。在这样反复摸索的过程中，学生会慢慢体会到教师让他们完成这些动作背后的真正意义。学生在深刻地理解体育运动技能规律的来龙去脉之后，在遇到新的困难时，他们解决起

来也将更加轻松。像这种知识的迁移，则属正迁移范畴。其间，教师的正确引导是至关重要的。在学生迷惑的时候，教师应对学生进行耐心引导，启迪他们往正确的关联方向思考，最终促成正迁移的产生，让学生在不断的正迁移过程中，摸索出体育学习的真谛，将体育学科规律学习延伸到未来的各个学科和领域之中，成为一个会利用已学知识举一反三的真正会学习的人才。

今天的体育课程标准早已脱离了安排具体教学内容的低级阶段，给学生和教师提供了更大的学习与教学空间，赋予了教学更多的创新性。因此，在体育教学过程中，教师应根据学生的兴趣需要和身心发展特点，选取能够调动学生积极性的体育运动内容，充分安排能够为学生带来乐趣和成功体验的运动项目，让学生积极加入课堂教学中，享受主体地位。当然，在体育教学过程中，让学生掌握知识和技能仍然是基础教学目标。帮助学生实现从"学会体育"向"会学体育""会用体育"的良性过渡，才能最终达成"终身体育"的目的。

二、"尽心尽智"是高校体育教师应有的态度

现代体育教育的重要性已经得到越来越多教育专家的认可，它不仅承担着提高学生身心健康素质的重要使命，而且还具有德育和智育作用。为此，"尽心尽智"地上好体育课才是体育教师应秉持的正确态度。

但如今，大多数人仍把体育视为非主要学科来对待，体育课被其他学科抢占的现象时有发生。但是，体育也是素质教育的一项重要指标之一，没有体育的素质教育是不完整的教育，体育承载着促进学生身心健康的使命。从这个意义层面上来看，体育教师所肩负的责任比其他任何学科的教师都重得多。因此，体育教师应该"尽心尽智"地上好每一节体育课，认认真真地完成每一个教学目标和任务，踏踏实实地做好以下五项工作。

（一）以爱为本，因材施教

一名优秀称职的体育教师要有一颗爱学生的心，把学生当作自己的孩子，就像苏霍姆林斯基那样乐于把整个心灵献给孩子。以体育考试成绩为例。经过一个学期的体育学习，大部分的学生在期末考试中能够获得优异成绩，也有少数学生的成绩不够理想。此时，教师需要付出更多的耐心，帮助他们在一次次练习中重新挑战自己，获得自信，让学生在教师有爱的教学中茁壮成长，进而创建一个"有爱"的教师队伍。那么在接下来的补测中，这些学生的成绩会取得质的飞跃，他们的脸上也会露出满意的笑容。诚然，要让他们知道，测试并不是最终目的，重要的是要让他们在爱的浇灌下茁壮成长，这才是每一位教师的最大心愿。

（二）营造氛围，提高效率

体育课与文化课教学不一样，它本身的特性决定了它活泼、愉快的课堂氛围。体育课的最终目的是让学生在和谐愉快的氛围中调动兴趣，掌握运动技能。体育课大部分内容以单纯的技战术教学训练为主，课程自然会略显枯燥乏味，激发不了学生的学习兴趣。体育教师可以通过在体育教学中融入适当的体育游戏，激发学生的学习兴趣，满足学生日益增长的体育需求。通过游戏的开展，学生学习专项运动技术的效率也会大为提高。由此可见，体育教师在教育过程中加入游戏环节，可以营造出一个愉悦、融洽的学习氛围。

（三）优化结构，转差培优

"爱是教育的前提"，作为一名教育工作者，要关爱每一个学生，不管是成绩优异的，还是成绩平平的。面对一些成绩不理想、调皮捣蛋的

学生，教师不要言语讥讽，不管不顾，要谆谆教导，循循善诱，抓住他们的兴趣和在意的事情，打开他们的心扉，让他们意识到教师对他们的注意、尊重与认同。这期间需要体育教师付出真诚和无私的爱。体育教育应该坚持真诚永远大于技巧的原则。教师对学生全心全意的付出，相信终有一天学生能感觉得到，进而向好的方向转变。

（四）重视道德培养，教育学生做人

大学时期是学生从学校走向社会的转折时期。那么对于一个高素质的体育教师来说，培养学生良好的体育道德也是体育教学的重要任务。古今中外伟大的教育家、思想家都认为体育教学不仅要提高学生的身体素质，更应注重对学生进行精神教育和道德教育。以奥运会为例，最重要的不是比赛的名次和获得奖牌的数量，而是全世界人民之间的友爱和人类在奥运赛场上一次又一次的自我挑战。良好的体育道德才是体育事业得以兴盛的因素之一，人们也终将受益于此。

（五）转变教育理念，倡导合作学习

现阶段，我国很多高校大力推行教育改革，体育教学也在其中，"合作学习"便是体育教学改革的一项重要内容。合作学习就是要营造一种"在合作中竞争，在竞争中合作""在乐中求学，在学中取乐"的全新学习氛围，它符合素质教育的最新要求。合作学习可以培养学生的主体性意识，激发学生的创新和成功的意识，培养学生的责任感和合作精神，因此它是一种愉快的体育教学方法。它还有利于形成师生之间相互尊重、相互配合、相互理解的良好氛围。

综上所述，体育教学的最终目的是帮助学生塑造健康的道德品格，发展学生的综合素质，使之成为满足社会需要的栋梁之材。因此，体育教育工作者一定要倾注全部的爱心、力量和智慧于教育之中。

三、高校体育教学中实施培智教育的有效途径

（一）将体育与智育联系在一起

任何只单纯依靠体力或者脑力的劳动都是不存在的，这也是人之所以是人而不是动物的决定性因素。只有使二者有机结合起来，运用到具体的社会实践之中，人才能获得全面发展，而且人的发展最终也会反作用于体力和智力的发展。马克思和恩格斯不仅揭示了人类自身发展是片面向全面发展的客观规律，而且详尽地阐述了人全面发展的本质特征和真正含义。

（二）体力与智力发展并进

纵观世界，不管东方还是西方，教育的目的就是育人成才，克服人自身的不足，进一步发展人的体力和智力，使人趋于完善。智力是人对客观事物的自我认知和运用已储备的知识解决现实问题的能力。通常情况下，人们常说的智力主要包含观察、想象、注意、记忆、思维、分析、判断等一系列心理内容。首先，智力的发展离不开它赖以生存的土壤——大脑，大脑为它提供生存的土壤并源源不断地供应其营养。其次，智力的发展还离不开社会实践活动，没有深入社会实践活动，人是不可能获得超越常人的智力的。在现实生活中，我们熟知的伟大人物都是经历过人生的历练才成长起来的。当然，伟大的人物并不一定都是外表威武强壮的，他们中也不乏瘦弱矮小的心灵巨人。由此可见，智力和体力并不一定是成正比的。于是，有一些人就开始把智力和体力对立起来看待，重文轻体和重体轻文是其中最常见的两种错误思想。

（三）利用体育锻炼能促进智力发展

受传统观念的束缚，长期以来，体育教学一直不受重视。很多学校注重学生的文化课成绩，对于体育成绩持忽略态度，甚至有些把体育运动看作胡蹦乱跳的体力活动，显然，这是人们对体育运动的误解。体育运动除了能够发展人的体力外，还能发展人的智力。体育锻炼对于开发人的智力有着非常重要的意义。众所周知，人的智力水平可以通过如记忆能力、思维能力、想象能力、判断能力等表现出来，并且大脑为这些心理过程提供了物质条件和营养补给。那么大脑是如何产生记忆、思维、想象和判断的呢？这也是现代生命科学的研究方向。

健康的身体为智力的发展奠定了坚实的物质基础。有实验表明，经常参加体育锻炼能增强人的体质，增加大脑的重量和大脑皮层的厚度。实验者用老鼠做实验。老鼠被分为两组，一组被关在小笼子中，限制它们在里面运动，另一组被关在大笼子中，让它们自由运动。一段时间过后，对它们的大脑重量和皮层厚度进行测量，结果表明经常运动的老鼠大脑皮层厚、大脑重量重、脑细胞树突明显且密集。这也印证了体育运动能强身健体、开发大脑这一科学论断。

大脑是人体的总指挥部。经过漫长的历史岁月，人脑逐渐从动物那并不发达的大脑进化成智能化的人体大脑。人体大脑像饱经岁月沧桑的老人的脸，颜色发灰，褶皱遍布。大脑的主要构成单位是脑细胞，大脑中约有 140 亿个脑细胞，其中 92 亿个集中在大脑的表层。脑细胞就像是一台电子计算机，有着接收信息、储存信息、传递信息的功能。

众所周知，电子计算机内有几十万个电子元件，且体积庞大。而人脑所拥有的脑细胞要比电子计算机多一万倍左右，但是体积却比它小得多。由此可见，人脑构造是多么精密与复杂。人脑的工作需要充足的氧气和营养供给，就像电子计算机工作需要能源支持一样。这就需要我们进行充足的体育运动锻炼，来确保能量源源不断地供给大脑。

经常参加体育运动的人，大脑神经细胞反应速度较快，表现在外在物质器官上就是视觉、听觉比较敏锐。国外也有学者指出，一个人的思考速度和反应速度直接反映着他大脑细胞的反应速度。大脑最大的作用就是可以对接收的信息进行加工、整理和编程，传输给下一次应用。从大脑的生理学角度分析，左右两个半脑分工明确。右半脑主要负责情感和意志，左半脑主要负责推理和思维。例如，在进行创造性思维时，左半脑起着决定性的作用，而在进行情感体验和文学创作时，右半脑起着决定性的作用。对于体育运动而言，它同时开发左右两个半脑，激发大脑的无限潜能，促进智力的跨越式发展。

第三节　"寓美于体"教育思想

一、高校体育教学美理论初探

20 世纪 80 年代初，体育教学美逐渐成为一门独立的研究学科。体育教学美理论研究范围广泛，主要涉及体育教学美的定义、理念和主要分类等。但是，具体到实践过程中，大家的认识仍然存在诸多问题，归根结底，还是对体育教学美的认知不够深入和彻底。表面上，体育教学虽然看似形式单一，毫无美感可言，但这其实是对体育教学的一种误解。体育教学中美的创造和体现无处不在，只是我们还没有用心去挖掘。因此，体育教学美研究学科的诞生可以帮助体育教师对体育教学美有更深入的了解和认识。

（一）体育教学美的定义

体育教学外在表现为身体的运动状态，内在表现为对人体的各种塑

造。体育教学是一个以体育教师的引导为主的教育过程。学生由于生理和心理还不太成熟，需要在体育教师的正确引导下来提高自己的兴趣，使自己融入体育教学之中，在体育教学中主动学习各种体育技能，最终使自己的身体、道德素养和智力都得到发展。

作为哲学和美学重点讨论的话题——美的本质的理解，马克思在他的代表作品《1844年经济学哲学手稿》中重点进行了解释。马克思认为，"劳动创造了美""人在他所创造的世界中直观自身"。由此可以得知，美的本质其实就是"人的本质力量对象化的感性显现"。紧随其后的实践派李泽厚继承并发展了马克思关于美的本质的观点。他认为，美是在人类的劳动生产实践过程当中产生的，此观点与马克思的观点有异曲同工之妙。美学，究其实质，其实属于哲学范畴，它的目的就是引发主体享受美的体验。当然，美的形态有很多种类。如果按照领域标准来划分的话，美主要可以分为艺术美和现实美。如果按照性质标准来划分的话，美主要可以分为形象性的美、创造性的美和情感性的美。在这三类美当中，创造性决定着美的生命进度。所以，在体育教学进程中，如果想让学生更多地感受到体育教学的美，那么教师应该在教学方式方法上进行变革，只有教师创造性地将审美与知识巧妙地融合起来，才能永葆体育教学美的青春与魅力。

（二）理解体育教学美的三种视角

1. 体育教学美的手段论：以美育体

以美育体，简而言之，就是充分挖掘体育深层次的美育因子，把学生引向对体育美的感知、欣赏和享受阶段。体育美可以激发学生的学习兴趣，让学生在掌握体育美的同时，将之内化到自身，转化为拥有自身特色的运动美和健康美。这也为将来学生学习体育技能和终身体育锻炼打下坚实的基础。

在传统"三基"体育教学模式和教学目标的影响下，教师更加注重对体育教学中外在形式美的追求。他们希望通过教学让学生展现出健康的体态，带给人们美的享受。例如，教师可以从造型美、仪表美、语言美、示范美、精神面貌美和技巧美等方面加大美育教学的力度。这些美的因子可以以不同的顺序进行排列组合，创造出更多新形式的组合美，以此来激发学生对体育运动的兴趣，使他们积极投入体育教学过程，让学生在饶有兴趣地进行体育学习之余，也使自己获得更美的享受。

2. 体育教学美的目标论：以美育人

以美育人，实际上就是要以美作为体育教学的目标，相对于以美为手段的体育教学美而言，这显然更具有导向作用。因为把美作为教学目标的话，其中必然包括把美作为手段去应用，但是它又不只是作为手段而存在，它还具有超越性，直接指明了体育教学的最终目的就是以美育人。以美育人旨在发展学生的身心健康，因而以美育人更能发展学生的个性美。

强健的体魄为精神的发展提供了坚实的基础和无限的可能。从这种意义上讲，体育美学保障了学生身心健康。它既能为有限的生命提高体力、增强体质，又能促使无限的精神领域实现质的飞跃。体育美学不再把内容限定在发展学生的身体美、运动美的狭隘领域，而是向前迈进了一大步，它更加注重发展学生的个性美，使体育教学完成了从教授技战术转向发展学生个性的质的蜕变。当然，这种质的蜕变并不是说弃技能和健康于不顾而一味地去注重发展精神领域。我们要端正态度，在发展精神领域、实现个性美的同时，也不应该忽视发展学生的技能和体质，要在这些基本的物质基础上大力发展精神世界领域，从手段到目标都应该实现美的教育。

3. 体育教学美的过程论：美的享受

体育教学的美可以直观地体现在肢体语言、色彩、线条、动作等载体上。它既不像其他学科那样需要说理式的教育，也不像其他学科那样进行表象式教育，它是二者的有机融合。因此，体育教学美的过程是一种美的享受过程，是对真的把握和对善的追求的生动过程，它是体育教学设计者经过思考后的再创造过程，是教师用各种教学组织方式和手段使得原本枯燥单一的动作技能学习变得情感味十足的过程，是教师凭借自身魅力使学生向之靠拢的过程。体育教学美最大的特点是直观感性的，它需要借助动作、形体、空间、移动等载体来传递，只有不再把体育教学美当作课堂点缀，始终如一将之贯穿于体育课堂教学的始末，才能最终促进学生的全面发展。

运动的整个过程体现为运动的形式、运动的状态、运动的方式和运动的过程等。运动中体现着极致的人体美，运动的形式融入了节律与和谐；动作的结构蕴含着力的最小化与做功最大化的美；运动过程中的人自由支配身体，自我表现精神美……由此可见，体育教学与美的关系非常紧密，二者不可分割。因此，学生不仅要以强身健体为目标，还应该把美融入体育学习之中，做到健中有美、动中有美，让自己享受美。就教学内容而言，教师要充分挖掘体育教学理论和实践中的各种美的要素，尤其是美感丰富的运动项目，如健美操、艺术体操、体育舞蹈、花样游泳、花样滑冰等，让学生在学习优美的肢体动作之余，深入理解肢体动作的内涵特征，让自己的身体在这种美的熏陶下获得释放。就教学方法而言，教师要在教与学的过程中，广泛借鉴美育的各种方法，尽一切可能地创造各种审美要素，提升学生的学习效果和审美能力。

（三）体育教学美的理念高度：生命关怀

体育教学美的最终目标就是把教学目标提升到生命关怀的高度。古

今中外伟大的教育家、思想家都提出过人文关怀的主张。体育教学应充分尊重人性的发展，通过体育教学这一途径，促进人的生命意义趋于完整。体育教学美能够帮助学生养成良好的身体素质和体格，让学生理解美的真正内涵，掌握审美技能。

在体育教学美的指引下，体育教学实现了从教师预先设计目标转向学生主动建构美的蜕变，这个蜕变的过程实际上是学生探索、发现、解决问题的主体生命行为过程。教学内容也因此一改之前的被动、死板，变成了一个需要再理解、再创造的鲜活个体，它需要主体对象对之进行情感灌溉，使之拥有生命价值。因此，体育课程的设计者和参与者需要积极调动自己的情感，使体育教学富有生命色彩。

现代的体育课堂，对于体育教师而言，应该是实现生命价值、建立生命家园、体验生命激情的乐土。对于学生而言，它应该是焕发生命活力、充满生命律动、舒展生命张力的天堂。

从体育教学美出发，体育教学的过程应该是教师与学生之间、学生与学生之间相互交融和相互契合的过程。在此过程中，师生的生命价值与活力得以尽情展现。

（四）实现体育教学美理念的难点：情感关怀

体育教师可以通过表情、言语、示范动作等，将自己的情感传递给学生，让他们感受到情感关怀的暖流。

体育运动过程是一个可以帮助学生活跃大脑、开发情感的过程。在此过程中，师生之间会产生情感共鸣，共同获得愉悦、舒适的情感体验。

运动和感知之间有着某种特殊的联系。正常情况下，在运动的过程中，人的感知会变得相对较弱。虽然我们不能强求既能体验运动，又能感知万物，但是我们可以从运动过程中的某一具体事物出发，将想象与现实相结合，以此来拓展我们的情感空间。当然，情感关怀除包含快乐、愉悦等内容外，还应涵盖紧张、焦虑、忍耐、痛苦等内容。只有充分重

视体育教学中有可能发生的各种情感，才能在面对突发状况时积极应对，最终促进体育教学效率的提高。

（五）体育教学美的分层与演进

体育教学美是教学实践活动的一个重要组成部分，它与体育教师的体育价值观念、教学思想、体育审美情趣紧密相连。在体育教学中，美是不可或缺的一部分，它不仅体现在体育教学形式上，更体现在体育教学思想上。首先，体育教学的美表现在技能技巧的展示上，这种展示不仅需要教师具有精湛的技能和技巧，还需要学生的积极配合和参与。在体育教学中，教师通过优美的动作、协调的节奏和灵活的技巧，将体育的美展现得淋漓尽致。同时，学生在参与体育活动时，通过掌握技能技巧、配合团队协作等，也能感受到体育的美。其次，体育教学美还体现在教学思想上。先进的教学思想是体现体育教学美的关键。在体育教学中，教师不仅是传授技能技巧的人，更是引导学生发展思维能力、培养体育精神的人。先进的教学思想注重学生的全面发展，关注学生的身心健康和兴趣爱好，注重培养学生的自主性、创造性和协作精神。这种先进的教学思想不仅体现了体育教学美的外在表现形式，也体现了其内在表现形式。只有形神兼备的体育教学才能达到真正的体育教学美。而体育教学美则必须通过不断的创新和重组，才能发挥其陶冶、愉悦、和谐的作用。

1. 初级追求：美的方法

体育教学追求美的方法是多种多样的。有的是教师在教学实践中积累、总结出来的，有的是直接借用其他学科的教学方法。当然，无论是采用直接的方法还是间接的方法，当它以娴熟的教学技巧被展现在体育教学课堂时，它无疑就是美的，也是体育教学美的重要构成要素。

第一，设计美教学。体育教师如果多了解学生的心理需要和审美需

要，在学生需要的基础上设计体育教学环节，可以对提高教学质量起到事半功倍的作用。

第二，语言美教学。语言属于体育教师基本教学能力的范畴。体育教师的语言美也是体育教学美的一种表现形式。而在传道、授业、解惑的整个过程中，语言教学是不可或缺的要素之一。因此，体育教师的语言应当简单明了、逻辑性强、情感丰富。体育教师只有在语言上做足功课，才能成功吸引学生的注意力，开启学生想听、爱听的第一步，无形中达成语言美的体育教学目标。倘若体育教学中没有语言美的话，那么后面的体育教学美的发展也就举步维艰了。

第三，形式美教学。体育教学的形式美突出表现在队列设计上，这已成为引导学生练习的重要手段之一。在教学中可用一些图像器材，刺激学生的感官，激发学生的兴趣。当然，教学内容不同，队列图形也不尽相同，这需要体育教师在体育教学过程中灵活掌握和运用。例如，体育教师进行武术教学时，可以采用太极队列进行教学；进行健美操教学时，可以采用圆形队列进行教学；进行田径教学时，可以采用方形队列进行教学。在不同教学内容中采用不同的队列队形，学生觉得新鲜，可以增加学习体育知识的乐趣，带来美的享受。

第四，动作示范美。体育教师是学生学习的榜样和楷模。因此，体育教师的示范显得尤为重要。体育教师熟练的技术、优美的动作、强壮的体格，都可以成为学生模仿的对象。

2. 中级追求：美的心理体验

在体育技能学习过程中，教师的角色不仅仅是教导者，更是一个引导者和启发者。当学生看到自己的动作或比赛被教师认可和赞赏时，会感到自豪和满足。这种满足感会促使学生更加努力地学习，以获得更多的成功和赞赏。同时，教师也可以观察学生的动作和比赛表现，了解学生的学习状况和问题，及时调整教学策略，提高教学效果。教师的欣赏

可以引发学生的求知欲望。当学生看到自己的动作或比赛被教师高度评价时，会想知道自己为什么能够得到这样的评价。这时，教师就可以通过讲解动作要领、分析比赛策略等方式，引导学生深入思考和学习。这种求知欲望可以促使学生更加主动地学习，探索体育技能、技术的奥秘。另外，学生一旦主动、自觉地学习，就可以亲眼看到自己的学习进步速度和学习成果。这种进步和成果可以让学生产生自我肯定和成就感，进一步增强学生的学习动力。同时，在学习过程中，学生也会体会到战胜自我的快感，这种快感可以让学生更加自信和勇敢地面对未来的学习挑战。最后，教师应引导学生学会自我欣赏，教会学生排除干扰，把精力集中在技能技术的钻研、模仿、比较、形成、提高上。这种自我欣赏可以让学生更加清晰地认识自己的优点和不足，及时调整自己的学习策略和方法。同时，教师也应该教会学生如何排除干扰，如情绪波动、外界噪音等，以保持专注和集中精力。学生对自己体育美的正确欣赏和中肯评价会激发大量的正向情感，学习的积极性、满足感和自豪感也会接踵而至，最终使学生超越自我。

在体育美的教育过程中，学生仅有自我欣赏是不够的，还应学会欣赏他人。欣赏他人包括欣赏教师、欣赏同学和欣赏高水平运动员等。通过借助他人的力量来丰富自己的感性认识，提高自己的理性认识，这也就是所谓的"美的他人欣赏"。为了激励自己的运动技能水平达到一个新的高度，学生可以把优秀运动员的完美技艺视为自己将来要努力的方向，进而端正学习动机，激发无限潜能。对于一场体育比赛来说，最受关注的莫过于教练员、运动员和裁判员了。因此，他们也可以被视为重要的欣赏对象。教练员沉着冷静地欣赏着赛场上每一位运动员的表现，对其表现进行及时的总结与指导，并帮助运动员端正心态；运动员胜不骄败不馁，在比赛中不求超越别人，只求超越自己，顽强拼搏，自强不息，尊重对手，尊重裁判，积极履行体育职责，践行体育精神；裁判员公正执法，严于律己，公平对待每一位选手，认真观察每一个比赛细节。通

过对这些教练员、运动员和裁判员的欣赏，学生们可以领会体育精神，进而提高体育兴趣。仅从这个角度来看的话，体育教学所带给学生的欣赏内容是无法与体育比赛相比的。

3. 高级追求：美的创造性教学

美之所以为美，就是具有自由创造性这一精髓。同样，创造性也是体育教学美的一大特点，因为美的教学在于创造，最忌模式化。教学可以不断唤醒学生大脑中的理性法则，让沉睡于个体生命的社会规范不断苏醒过来，让生命具有无限可能。

体育美教学是以切合实际审美的要求和明确的审美目标为导向的。这就对体育教师自身的美学素养提出了高层次的要求。体育教师要想实现体育教学美，就要勇于打破常规思维，随机应变地处理教材内容，促进教学美的产生和发展。转换思路，变通思维，带动学生参与教与学的全过程是每一位体育教师应有的态度。体育教师要想实现体育教学美，就要学会打破体育课程标准的层层束缚，将教学内容重新进行排列组合，融入新的特色内容，填补教学空白，创造出一个又一个让人记忆犹新的教学环节，将体育教学美展现得淋漓尽致。在体育教学过程之中，体育教师要善于把身边的感性材料和艺术形式引入体育教学中，使体育教学焕发新的活力，以便吸引学生，帮助学生理解所学知识。在和谐的同学关系、师生关系中，师生共同体验美、享受美、憧憬美。

4. 终极追求：追求体育教学美的精神

"成人""为人""完人"是现代体育教学美活动的全过程，促进人的美的精神成长，精神的自由一旦丧失，就意味着"为人"的自由被遏止。因此，学会和追求体育教学的美学精神自由应该成为体育教学的重要目标。

　　人类之所以创造体育，在于人们想通过体育感受人生，愉悦生命，享受生活，进而寻求美、创造美、提升美，以获得精神世界的享受。美不仅有利于陶冶人的情操，增强人生信念，鼓舞人的斗志，弘扬人性，文明净化社会，还有利于我们看清未来，憧憬未来。通过体育教学，学生能够捕捉到体育情感想象、生命关怀等符号，带着发现美的眼睛去看待整个世界。

二、高校体育教学中美的体现与价值

（一）高校体育教学中美的体现

　　体育课程是大学生的必修课程，计入学分范围，体育成绩也是学生是否完成学业的考核标准之一。由此可见，体育课程并不是可有可无的，它已经成为教书育人的重要手段。现代体育教学不仅要以提高学生的身体素质为己任，还应以发展学生的身心健康为标准。教师在进行教学的同时，也在本学科的领域展示和探索特征美。高校体育教师作为这种任务的主要执行者，他们的工作涉及体育科学的各个方面，从基本的运动技能到高级的竞技体育，还涉及与健康和身体锻炼相关的知识。他们在课堂上不仅是知识的传递者，更是引导学生发现和欣赏体育之美的重要角色。首先，针对"体育教师职业美吗？"这个问题，答案是肯定的。体育教师职业具有其独特的美学特征。这种美体现在他们的工作中，从教学技巧到课堂组织，再到对学生的引导和激励，无不展现出体育教师职业的独特魅力。他们通过自己的教学，帮助学生发现和欣赏体育的力与美，这种美不仅体现在运动技能的表现上，也体现在团队合作、规则遵守以及克服困难的精神上。其次，体育教师职业具有吸引从业者的魅力。这种魅力源于体育教师职业的挑战性和创新性。在面对不同的学生群体和教育环境时，体育教师需要灵活运用教学策略，以满足学生的需

求并激发他们的学习兴趣。同时，他们需要不断更新自己的知识和技能，以适应体育科学的发展和变化。这种持续学习和创新是体育教师职业的魅力所在。此外，体育教师职业的魅力还体现在它对从业者的全面素质要求上。体育教师不仅需要具备专业知识和技能，还需要拥有良好的人际交往能力、团队协作能力和解决问题的能力。这些素质要求使体育教师职业成为一种具有挑战性和吸引力的职业。然而，不能忽视的是，体育教师职业也存在一些挑战和困扰。例如，他们需要应对教育改革的要求和压力，同时还要处理与学校其他部门、学生和家长的关系。这些挑战需要体育教师具备较高的应对能力和良好的心理素质。那么就"美"而言，美在何处？归纳历史上各种观念，大体上可分为三类：一为客观论——"美在物"；二为主观论——"美在人"；三为辩证法的观点——"美在物与人的关系"。

1. 学科的美

（1）体育学科教学蕴含着真、善、美

自古以来，体育运动就是人类社会不可或缺的活动之一，与人类的生产和生活息息相关。体育活动富含丰富多彩的审美因子，是审美的一个特殊领域。如今，各种思想倾向于关注自然、身体和社会制度等，很多学者更看重人体自身的美学因素。人们对体育运动中美的好奇与解密可以体现在人们对瑜伽、太极、禅等东方文化思想的极大兴趣和强烈推崇上。究其实质，体育教学只是体育这个庞大家族中一个细小的分支而已。

现代体育教学的目的是使学生德、智、体、美全面发展。众所周知，教学的使命就是向学生揭示人间的真、善、美，教会学生运用规律进行创造。体育教学可以为学生将来登上社会舞台奠定坚实的基础，为他们增添生活的勇气和智慧。这就要求体育教师不仅自身要提升真、善、美的素养，还要对学生求真、向善、趋美起到示范作用，这是体育教师必

须肩负的重要职责。具体来讲，体育教师的"真"，主要体现在教学活动要符合学生身心发展规律，教学内容要符合科学性，知识技能与心理逻辑要相统一；体育教师的"善"，主要体现在教师身体力行地为学生树立道德榜样，融情感教育于教学之中；体育教师的"美"，主要体现在教学过程形象生动、教学活动丰富精彩、教学互动愉悦和谐。

就体育而言，它在教授课程中展示出的各种动作形态、比赛时规定的各种规则条例、动作的起源和发展等无不是对体育美的演绎。从体育动作的学习过程中，我们可以感受到美。人们通过体育的动作美去探究运动本质的规律，这就是在追求所谓的真。由此可知，体育的真、善、美和人类的真、善、美是息息相关的。因此，教师学科教学的重要任务是以美引真、以美储善，这也是对体育工作者的职业要求。

（2）体育教学体现着感性

使学生掌握系统的体育理论、卫生保健和具体的锻炼常识，以实践的内容为志趣，是体育教学的出发点。教师不仅要增强学生的身体素质，更要培养学生进行终身锻炼的好习惯。体育教学内容既要包含体育教学理论，还要包含体育教学实践，其中涉及人体解剖学、营养学、生理学、力学、卫生学、化学知识、运动技能等方面的知识。如果体育教学一直用单一枯燥的教学模式，学生不可能对体育有正确的感知。体育学科的教学也不可能脱离一定的形式而单独存在，它总是需要在某种特定情境下在体育教师的指导下进行，所以此时教师运用各种清晰的语言、生动的表情、形象的教具、准确优美的动作示范等感性形式显得尤为重要，这使整个体育教学过程极具感染力。如果抛开这些情感因素，只谈体育教学，真不知体育教学该如何继续下去。没有感性参与的教学，是不完整的教学。体育教学过程不可避免地会接触到大量的形象动作，美的传递又需要有感染力的形象动作作为载体。因此，体育教师可以抓住此契机，利用体育教学独有的特点对学生进行美学教育。教师在体育教学知识讲解中可以适当融入一些美学基础知识，让学生得到美的体验和熏陶。

体育教师可以将美融入语言讲解、动作示范、教学方法、教学手段、场地器材的布置之中。体育审美教育的特点，主要有以下四点：第一，形象示范性。通过鲜明的形象示范来启发和熏陶受教育者。第二，方式自由性。即随时随地都可以进入情境教学之中，灵活自由。第三，情感陶冶性。美德教育最终是帮助学生陶冶情操，使其获得美的享受。第四，效应持久性。它不是稍纵即逝的，而是深刻持久的，影响审美层次和审美境界。

2. 过程的美

体育教学的过程是发展变化的而不是凝固僵滞的，体育教师的职业活动是在教育过程中进行的。"过程"二字就足以表明体育教学自身的特性——动态性和开放性，体育教学的过程伴随着教育情景和教育手段的改变而改变，也伴随着教育对象和教育内容的变化而变化。这就决定了体育教师职业的与众不同——动态效果明显。换言之，体育教师职业将一直处于变化之中，带有不确定的神秘色彩。也正因如此，体育教学过程的这种动态美阐述了体育教师职业美的基本内涵。

（1）对知识的活化

有人认为教育意味着教学，教学意味着知识。作为教师，一项重要的职责就是向学生传授人类千百年积累下来的文化理论和实践经验，武装他们的头脑，促进他们的身心平衡、健康、和谐地发展，进而让他们用健康的身体和智慧的大脑为祖国、为社会贡献自己的力量。当然，对于体育教师而言，体育教师的教育过程首先是一个引导学生的过程，它首先要求教师自身要对本体育专业的知识了解透彻，灵活运用，才能为帮助学生学会相关的理论知识和运动技能打下扎实的基础。只有建立在熟练掌握的基础之上的运用才能游刃有余，教师也能因此"一心多用"，将有限的时间恰到好处地分割成几部分：教授专业知识和技能、掌握学生学习动态、了解教学进度等。除了对本专业学科有足够的了解之外，

体育教师还应广泛涉猎其他知识，只有以雄厚的知识储备作基础，知识的灵活运用和迁移学习才能有的放矢。除此之外，体育教师还应该对体育运动项目的发展趋势有所了解和预测，教会学生用发展的观点看待现实生活中要面临的实际问题，使理论与实践相结合，并应用于未来。

知识的活化还应包括教师对学科认识论、方法论的传授，让学生学会学习才是王道。当然，这一切都是建立在教师丰富的知识文化底蕴基础之上的。能使知识在教学中不再单调乏味、一成不变，能在科学体系中对自己讲授的学科有清楚的认知，能在体育教学中展示知识本身所蕴含的无限生命力，能在教学中真正实现理论与实践、科学精神与人文精神的统一，能把知识活化，这些才是每一位体育教师应尽的职责。只有这样，教育过程才能扫掉尘埃，露出钻石；洗掉泥沙、露出珍珠，最终还原知识的本真面目，这也是教育的真正价值和意义之所在。

（2）教育过程中师生经验的分享

教师与学生、学生与学生之间的关系是教学过程中的主要关系，这种关系是双向的。尽管学生与教师在教学过程中所扮演的角色不尽相同，但都在教育活动中扮演着重要的角色。离开了教师的学生和离开了学生的教师，都不能构成完整的体育教学活动。只有教师和学生二者共存于体育教学之中，才能构成完整的体育教学过程。其中，不仅学生和教师之间关系紧密，学生和学生之间的关系也密切相连，因为体育教育过程同大多学科的教育过程一样，都是师生交流、共同促进提高的过程。

在教育过程中师生经验的分享主要指教师和学生互换位置，进行教育和运动中所获得的认识、情感等的"换位"体验。分享需要极强的包容性，其中主要包括以下两方面内容。一是"共同创造"。创造被视为人的优秀能力的表现，被视为制造世界中前所未有的事物的力量，它预示着人的无限可能。也正因如此，体育教学过程中最有意义的地方就是师

生可以共同创造。二是"教学相长"。按照常规思维，体育教学过程就是一个"教师教"与"学生学"的过程。体育教师在整个体育教学过程中占据主导地位，而学生在整个体育教学过程中占据主体地位。学生在体育课堂中的主要目的就是从体育教师身上获得一切可以获得的知识，其中包括体育运动技能和思想品格等。"弟子不必不如师，师不必贤于弟子"，充分印证了师生关系在某种情况下是可以相互转换的。教师其实也是芸芸众生之一，他们不可能在自己有限的生命里熟知各个领域、各个学科的各种知识。他们有的时候也需要从学生身上受到启发，给自己的知识注入新鲜血液。在体育课堂教学中，体育教师与学生思想碰撞、灵感爆发的情况也是时有发生的。这才是真正意义上的师生互动，师生双方发自内心地肯定、学习与相互欣赏，教师与学生进行平等的对话与交流，双方共同进步。在这样的良性循环过程中，师生互惠共赢，共同向前。

在体育教育过程中，体育教师有着主动性和被动性的双重属性。体育教师虽受教育规律和客观因素的制约，不能随心所欲，但可以在既定的范围里最大限度地动用各种主观因素和有利条件，为己所用。这就是所谓的创造过程，其中包含教师对教材、教法、学生的创造，也包含学生对自己的创造过程。学生对自己的创造过程不仅体现在他在教师引导下对知识的选择、消化和重组方面，还体现于他能够运用所学知识来解决面临的现实问题。学生自我创造的过程实质上是一个体验快乐、发展快乐、享受快乐的过程。此外，师生彼此之间的创造又是相互影响、相互促进的。在创造过程中，他们从对方身上吸取经验教训，在这些经验教训的基础上重新出发。有了高起点的创造，再加上自身积极主动的心态，相信成功就在脚下。于是，教育过程便完成了从单向的、静态的向双向的交流和动态的建构的蜕变。这一切无不在传达人类对生活的感受和体验。

（二）高校体育教学中美的价值

1. 体育美有利于唤起学生的主体意识

体育美教育有一个基础观点，就是首先要健康，然后才是美丽，美丽要建立在健康的基础之上。人们通过科学的体育锻炼能够有效地调节五脏六腑，促进血液循环，进而防病治病。良好的体态在一定程度上决定着人们的气质、风度和魅力，因而它也成为人们竞相追逐的对象，而体育锻炼则是获得良好体态的最佳选择。如果学生想要获得形态美，那么坚持进行体育锻炼会是一个不错的选择。体育美教育有助于学生对体育课程有全方位的了解，对体育课程内涵有深层次的挖掘，对体育产生强烈的学习兴趣，从而能够积极主动地参与体育锻炼，使之成为生命中不可或缺的一部分，为终身体育事业奠定坚实的基础。

2. 体育美的教育有利于增进学生心理健康

体育运动在给学生带来美的享受、美的体验之余，还能帮助学生得到精神上的解放，用最积极的心态去迎接挑战、面对世界，进而有利于他们的身心健康发展。学生在欣赏体育美和创造体育美之余，也形成了遵守规则的优良品质和追求高尚美的体育行为，通过运动领会团结协作、尊重他人的体育精神。

3. 体育美的教育有利于培养和教育学生树立社会意识

从我国优秀的体育健儿身上，我们不难发现某些共同的特质，那就是顽强拼搏、刻苦训练、聪慧过人、道德高尚……他们的存在，让我国的体育事业得以进一步发展。他们的精神、行为和事迹激发了我们爱祖国、爱人民的热情，使学生在学习体育之余树立强烈的社会责任感、社

会意识，并将之外化在体育学习的行为上。

体育教学过程中，体育教师起着引导作用，是体育美的主要传播者。因此，体育教师自身素质的高低将在一定程度上影响体育教育美的传授。以体育教师渊博的知识为基础、高尚的道德情操为保障、良好的思想修养为根基、高超的技巧和体能为储备、较强的工作能力为依托，才能激发学生感知美、创造美、鉴赏美、评价美的能力，使体育与美育有机结合，让学生在体育课程中受到美的熏陶。

体育教学中，体育美无处不在。如果体育教师能够细心观察，发现这些美的因素，并最终把它们运用于体育教学过程，用体育自身独特的魅力去征服学生，就能激发学生体育锻炼的兴趣，使学生走出美的误区，形成借助科学的体育锻炼塑造健康美、形体美、姿态美、心灵美的正确价值观。寓美体育教学中，有利于学生主体意识的回归，促进学生的心理健康，培养学生的社会意识。

三、美在高校体操类教学中的合理运用

健美操已经成为当今社会人们健身、休闲、娱乐的重要体育运动项目，它之所以能够在短短的二十多年里走进人们的生活，改善和愉悦人们的生活，深受人们的喜爱，与当今社会人们对美和美好生活的无限追求息息相关，也与健美操自身深厚的美学基础、符合人们审美心理需求的特性密不可分。进入 21 世纪，健美操活动已席卷全国的各大城市，深入各个社区和校园，尤其是伴随着全民健身活动的进一步开展，健美操以其独特的魅力和功效，深受人们喜爱。围绕健美操而开展的各项活动也越来越多、越来越流行，如规模盛大的高水平的全国健美操锦标赛和大学生健美操比赛，迅速发展的各种形式的健身俱乐部、各种聚会和晚会中的健美操表演等。

（一）健美操运动的美学原理

美的基本形式主要表现为整齐、对称、比例、均衡、对比、和谐、层次、节奏、多样统一等方面，这为健美操创编者提供了基本的美学理论。

根据健美操的定义可知，健美操有三个方面的含义：第一，健美操是以裁判员依据规则评分为主的体育运动项目，这决定了健美操创造美要遵循体育美学的标准和要求；第二，健美操和音乐、舞蹈等项目一样是以艺术表演为主的观赏性项目，这决定了健美操的美的实现要遵循艺术美学、音乐美学以及人体装扮美学的基本要求；第三，健美操是以达到健身、健美和健心为目的的娱乐、观赏型体育项目，这说明健美操只有达到塑造身体形态美、健康美的目的，并符合当今社会对美的追求，才能健康、稳定地向前发展。

从健美操概念的三个内涵可以推测，健美操的美受体育美学、艺术美学、音乐美学、人体装扮美学、人体形态美学和当今社会人们的审美观等诸多方面美学理论的影响。我们应当根据各方面美学原理，设计和创编出更符合人们对美的需求的技术动作和套路，进一步推动健美操的发展。

为此，在设计和创编健美操时应主要遵循以下各方面美学原理。

1. 体育美学中的"技术美"决定健美操运动技术的发展方向

（1）体育美学中的"技术美"

在体操运动项目中，凡是运动员创造出的新动作都以其名字来命名，像"吊环李宁""月久空翻"等。这就进一步说明了技术既是人类向自然显示自身力量的过程，又是向自身挑战的过程，是人类本质力量的体现。这就是健美操运动"技术美"的主要源泉。

体育"技术美"主要通过"动作美"来表现。"动作美"是由身体姿

势、轨迹、时间、速度、力量、节奏等因素组成的，是一种动态的美。人体运动是体育存在的方式，体育美必须通过优美、细腻、柔软、精巧、刚健、雄劲、明快、敏捷等各种的人体动作及其组合来塑造美、创造美、表现美。"动作美"在体育美学中处于基础地位。"动作美"的特点在于准确、干净、协调、连贯、节奏感强，给人一种完美、无懈可击的感觉。应特别注意的是，运动技术的创新性是健美操运动"技术美"的源泉。

（2）体育美学中的"技术美"对健美操运动技术设计与实现起着"导航"作用

健美操是现代体育项目的宠儿，在创编技术动作时应注意其每一个动作的构思，确保技术动作的创新性，以其技术动作的"难、新、美"来适应社会新的发展，进而满足人们对新的美的追求。健美操应根据体育美学的要求，创造自身特有的"技术美"，并在表演时展示出来。其具体要求如下。

① "动作美"的设计与实现是健美操"技术美"的核心

动作优美是健美操"技术美"的关键。健美操是一项以美取胜的竞技项目，美是健美操的最高旨趣，要想做到"动作美"，基本动作必须标准、规范。根据健美操竞赛规则，运动员在比赛中必须完成一些特定的、不同类型的难度动作（如动力性力量、静力性力量、跳跃、踢腿、平衡、柔韧等）和具有健美操特色的操化动作及基本步法。这些特定动作的选择与完成，不仅是运动员技术动作能力的展示，而且也表现了体育运动美的最高级形式。整套动作编排美观大方是夺冠的关键因素之一。

健美操"动作美"是个体或群体以形体运动的形式表现出来的。在健美操比赛中，运动员们需要协调运用训练有素的内力和柔韧性控制，来完成各种不同的身体姿势。这些姿势不仅需要展现出造型美、柔软美、力量美、难度美以及新颖美等健美操运动风格，还需要满足健美操运动特有的美学要求。在单个动作的完成方面，运动员需要保证每个动作都完美无缺。这包括动作的起承转合、力度控制、身体姿态等方面。只有

将每个动作都做到极致，才能展现出健美操运动的高超技艺和独特魅力。例如，在完成空中变化的大跳成俯撑、空中转体成俯撑、单臂移动俯卧撑等动作时，运动员需要具备出色的身体素质和技巧，才能完美地展现这些具有高度难度的动作。在衔接动作的自然流畅方面，运动员需要把握好不同动作之间的转换和衔接。只有做到动作之间的无缝衔接，才能使整套动作看起来行云流水般自然。这种自然流畅的展现需要运动员具备高超的技术水平和丰富的比赛经验，只有经过长期的训练和磨合，才能达到这种境界。

此外，运动员需要根据比赛规则和自身特点，合理地控制动作的幅度和力度。过大或过小的动作幅度都会影响整套动作的美感和表现力，只有恰到好处的动作幅度才能充分展现出健美操运动的优美和力量。除了动态形式中的动作，静态形式中的造型也是健美操运动美学特征的重要组成部分。单臂分腿高直角支撑、"叠罗汉"等人体静态造型，能够充分展示运动员良好的身体素质和技巧。这些静态造型不仅需要运动员具备出色的身体素质和平衡感，还需要具备足够的勇气和自信心。健美操运动还具有高度的新颖性和创新性。运动员们需要不断地探索和创新，通过各种不同的动作组合和变化来展示自己的个性和特点。这种新颖性和创新性也是健美操运动美学特征的重要组成部分。

② 重视塑造运动员的姿态美

姿态美是人体具有造型性因素的静态美和动态美的综合表现，是身体各部分配合而呈现出来的外部形态的美，它反映着一个人的风度和气质。优美的体态，即良好的身体姿态，尤其表现为身体活泼、流动的动态美。

要做到健美操的"姿态美"，每个动作都要达到特别的要求，以超难度技巧、独特新颖的编排、舒展大方的动作、各式各样的造型及协调一致的音乐配合等因素将其展示出来。编排健美操时，每个动作、造型的选择一般都要考虑到运动员身体形态，以及运动员做该动作所表现出来

的身体姿态。例如，健美操对支撑类动作的要求是：每个支撑动作必须保持 2 秒钟；支撑转体时必须完整；所有的直角支撑动作，腿必须垂直；高锐角支撑动作，后背必须与地面平行；所有的水平支撑动作身体不能高于水平 45°。

无论是竞技健美操还是健身健美操，姿态动作都应自然大方，充满朝气和活力，并要贯彻体育美学中"立如松，坐如钟，卧如弓，行如风"的人体姿态美的要求。"立如松"是指健美操运动员或锻炼者不管是开始的站立姿态，还是亮相或结束动作要如松树般端正挺拔，头、颈、躯干和脚的纵轴应在一条垂直线上，抬头平视收下颌，立颈挺胸收腹，沉肩两臂自然下垂，臀部紧缩而双腿上拔。使男子充满力量感和男子汉的气概；女子则亭亭玉立，富有弹性感和宁静感，还有一种英姿飒爽、别具一格的现代女性的魅力。"坐如钟"是要求健美操运动员为坐姿时，要如铜铸大钟般端正稳重，挺胸收腹。"卧如弓"是要求运动员在有倒地动作时，要协调自然，轻松自在。"行如风"是要求运动员行走时，步态如清风般轻松快捷，不要拖沓滞重，以免破坏美的感受。

2. 舞蹈艺术美学给健美操表演提供了有益借鉴

任何一种舞蹈艺术都是人类物质和精神生活的载体。舞蹈是以人的形体动作为基础表现手段来塑造形象、表情达意的表演艺术。

（1）舞蹈艺术的美学特征

① 动作性、韵律美。舞蹈借助音乐旋律的变化来表达舞者不同的内心情感，并借助音乐的结构来组织舞蹈自身的结构和进程，这样才能使舞者跳得有弹性、有情趣、有韵味。

② 程式化和虚拟性。舞蹈动作的程式化是舞蹈发展到较为成熟阶段的产物，它丰富和提高了舞蹈动作的表现手段，使舞蹈动作显得规范整齐、活泼自然。并较稳定地传达一定的情感意蕴，有助于舞蹈风格的形成。这在古典舞、芭蕾舞中更为明显。

③ 表演的综合性。舞蹈虽不属于综合艺术，但在表演时也有不少综合性特征。例如，舞蹈动作在短暂停顿时，具有明显的雕塑意义，以至西方的舞蹈家认为"舞蹈家的任何瞬间都该是雕塑家的模特儿"。舞蹈同音乐更是密不可分的孪生姐妹，音乐是"舞蹈的灵魂""音乐中包含了并决定着舞蹈的结构、特征和气质"。舞蹈的节奏常常靠音乐伴奏和指挥。此外，在舞蹈中，造型艺术也必不可少。舞蹈演员的服饰、道具，使舞蹈的形象更具体、鲜明；舞台美术、灯光配备等，对舞蹈表演起烘托气氛的作用。

（2）舞蹈艺术美学为健美操的艺术设计和艺术表现力提供借鉴

从艺术角度上看，健美操与舞蹈艺术美实际上是统一的，是人的本质在实践中的感性显现。舞蹈艺术的概念是指各种舞蹈艺术的总和，通过表演动作创造艺术形象。而健美操的诞生源于人们对健美身体的追求，是体操、舞蹈、音乐逐步结合的产物。

总之，融艺术表现为一体的健美操运动，是一种时代气息的再现。它流露出的自然美，就是我们追求的健美操运动的最高艺术境界。

3. 音乐影响健美操动作完成的和谐美

音乐作为人类文化的重要组成部分，具有独特的美学特征和表现力。它最擅长揭示人的心灵世界，因此有人把它称为"诗的心理学"。音乐可以像激光一样深入人类灵魂深处，寻幽索隐，把人类各种复杂难言的心绪全都映示出来。这种深入人心的力量，使音乐成为一种具有强烈感染力和表现力的艺术形式。在健美操运动中，音乐是展现健美操运动员艺术表现力的重要因素。音乐能够激发运动员的情感表达，让他们在动作中融入更多的情感和表现力。音乐的节奏、旋律和力度等元素，可以与健美操动作相互配合，使动作更加流畅、自然，更具视觉冲击力。同时，音乐也能影响健美操动作完成的和谐美。音乐的节奏和旋律可以让运动员更好地把握动作的节奏和韵律感，使动作更加协调、平衡。音乐的和

谐美与健美操动作的和谐美相互融合，能够使整套健美操更加完美、动人。此外，音乐还能同健美操动作一起反映整套健美操的思想内容主题。不同的音乐风格和主题可以表达不同的情感和思想，如欢快、悲伤、激昂、柔美等。运动员可以通过音乐来传递整套健美操的主题和思想，使观众更加深入地理解整套健美操所要表达的情感和意义。

从健美操音乐的选择来看，主要有两种方式：一是根据动作选择音乐，二是根据音乐创编动作。但是，不管采用哪种方式，健美操在表演时总要表现一定的主题，犹如一首诗、一幅画，能给人们带来特定环境的审美体验，这个主题是通过音乐和动作共同表现出来的。有时，一套完美的健美操动作本身就有其特定的主题思想，音乐根据动作来设计。例如，以天真活泼、顽皮可爱的动作及其组合而创编的幼儿健美操，表现日常生活琐事组合动作的中老年健美操，以及穿插于篮球比赛间隙中的啦啦队表演的健美操，等等。有时，健美操的音乐本身也反映着一定的主题。

4. 人体形体美学决定健美操运动员的选材方向

人是"万物之灵长，宇宙之精华"。美学认为，人既是唯一的审美主体，自身也是最美的审美对象。对人体美的欣赏，在人类的文明史上经历了漫长的过程。它起源于母系社会，当时就有崇拜女性美的裸体艺术作品。不过，在世界各地区、各民族中，对于人体美的观念和标准是各不相同的，并且随着时代的变迁，人们对人体审美的标准也在变化。如在两千年前的古希腊，出于战争、竞技的需要，人们把健壮、强劲的体魄作为男子人体美的标准，甚至把它看作做人的骄傲资本；在我国唐朝女子以胖和丰满为美，而今天却把"瘦""苗条"等作为女子美的标准。

（1）人体形体美学的标准

什么样的形体才算美呢？人体美学认为主要表现在两个方面。首先，要形体匀称，比例适宜。达·芬奇在讨论人体各部分的比例时，曾制定

一系列标准。比如：人的头部应同胸背部最厚处一样，都是身高的八分之一，肩膀的宽度应是身高的四分之一，双臂平伸的宽度应等于身长，胸部与肩胛骨应在同一水平线上，两眼间的距离应是一只眼的长度，耳朵与鼻子应当长度相等。符合这些比例的人体才是美的。还有人提出上下身的比例，以肚脐为界应符合"黄金分割"才较为标准。这些观点用来作为永恒不变的人体美的标准自然并不合适，因为从时代发展、民族区分等情况看，人体美的标准是形形色色、丰富多变的，不过大致是符合实际的。再比如，五官端正、发育正常、身材适中、胖瘦合适等，关键在于适宜。

（2）人体形体美学对健美操运动员的选材和人们参加健美操锻炼的启示

人体形体美学中所确定的男女人体美的标准，为健美操运动的"外在美"的发展指引了方向，给运动员选材和对表演者的挑选提供了理论依据。同时，也给参加健美操锻炼的人们确立了人体美的追求目标。

健美操在现代社会生活中运用艺术和体育手段来宣传和展示人体美，无论是参与者还是观赏者都能从中得到美的享受。健美操是一项独特的项目，它融合了文艺和体育的特点，因此具有独特的欣赏价值。在健美操中展示的人体美，包括形体美和姿态美，是通过符合规律的形式来展现主体的活动，是运动美的凝聚成果。这能够激发人们追求人体美的热情，积极、主动地参加健美操训练。

5. 当今人们对社会美的追求

社会美指的是社会生活的美。它直接根源于社会实践。美和真、善有着密切的联系，离开了社会生活实践，社会美就无法存在。社会美的核心是人的美。社会是人组成的，社会只能是人的社会。人，也只有人，才是社会的主体。因此，社会美存在于人自身，存在于人的社会生活、社会关系及社会环境中。离开了人，也就无所谓社会美。形式多样、表

现不一的社会美，归根结底，都是人的美。人是美的创造者和欣赏者，是审美的主体；人也是美化和欣赏的对象，是审美的客体，是现实世界最美的欣赏对象。人类社会对美的追求是永无止境的，当今社会出现的各种艺术都是人类创造美和欣赏美的结果。

不同国家、不同时期、不同民族追求的社会美也是不一样的，这事实上反映了不同国家或民族追求的美的内容是有差异的，也侧面反映了不同国家、不同时期的社会风气。这就提示我们，健美操作为艺术运动项目也必须遵循社会美的主流，要反映社会美的主题，并创造社会美，引导人们对社会美的追求。

健美操的社会美集中体现在人的思想性格、行为举止方面。当今社会公众人物是最容易被人们效仿的，健美操通过运动员的完美表现以及运动员无可挑剔的身材，激起了人们参与的欲望和热情。健美操的社会美我们可以从以下两个方面来说。

（1）从练习者的角度看

健美操作为一项时空艺术，当它进入人们的审美视野后，便成为一种特定的审美对象，从而形成了特殊的审美形态。健美操美感的产生，源于个人的直觉，即参与者在动作技术中获得的内心感受。这种感受不仅存在于对美的欣赏过程中，也贯穿于对美的创造过程中，特别是艺术的创造过程。健美操的美，不仅仅在于动作的优美、协调和韵律感，更在于其内在的情感和意蕴。健美操是身体律动与心灵相融合的运动，参与者只有将全部的情感融入形体动作，用心灵去创造美的意蕴，才能做到"以体传情，形神兼备"。这种无声的人体语言，充满了生命的激情，让人们的身心得到一种无与伦比的愉悦和快感。在健美操的表演中，无论是欣赏者还是参与者，都需要具备一定的审美能力。这种审美能力包括对动作技术的感知能力、对美的意蕴的理解能力以及对情感的体验能力等。只有具备了这些能力，才能真正领悟到健美操的美，感受到它传递出的情感和意蕴。此外，健美操的创作也需要创作者具备较高的审美

素养和艺术修养，他们需要具备对美的感知能力、对动作技术的掌握能力以及对美的创造能力等。只有具备了这些素养和能力，才能创作出真正具有艺术价值的健美操作品，让人们在欣赏的过程中获得深刻的审美体验。

（2）从欣赏者的角度看

当练习者伴随着美妙的音乐旋律，运用变幻莫测的难度动作和操化动作，将美的形体、美的姿态、美的线条、美的音乐、美的队形、美的服饰呈现给观众时，欣赏者往往会被表演者展现的美深深吸引。这种美不仅仅在于动作的本身，更在于它传递的情感和意蕴。健美操的练习者在表演过程中，不仅是在完成一系列的动作，更是在用身体讲述一个美的故事。他们的每一个动作、每一个步伐、每一个转身，都是对美的追求和对生命的热爱的体现。他们的身体语言向观众传递出一种积极向上的能量，一种对生活的热爱和尊重。这种美不仅仅体现在表演者的动作上，还体现在他们的服饰、音乐和队形上。精心设计的服饰能够突显表演者的身形和气质，使观众在视觉上得到满足。同时，优美的音乐旋律和队形的变化也为表演增添了更多的层次感和深度。这种美的传播不仅仅是一种感官上的享受，更是一种心理上的满足。观众在欣赏表演的过程中，会感受到一种积极的情感，这种情感能够使人们摆脱日常生活的压力和烦恼，享受片刻的宁静和愉悦。

6. 人体装扮美学是健美操实现外在美的必然条件

人体装扮美学是研究如何运用美的规律去塑造和装扮人体，使人自身变得更美的一门实用美学门类。俗话说："三分长相，七分打扮。"可见，装扮艺术在人们的日常生活中占据着重要的地位。

（1）人体装扮美学的基本内容及审美标准

① 服饰美

衣、食、住、行中，穿衣是人生仅次于吃饭的第二大事。从服饰的

发展趋势看，人们对服饰的要求逐渐由"暖体"发展到今天的美观、漂亮、有魅力，使之给人带来审美的愉悦。

A. 服饰美的流派

目前，世界上对于服饰美的追求主要可分为两大流派，一是抽象派，二是实用派。事实上，它们都是以服饰的审美功能为追求目标的，只不过各自的侧重点不同。一般来说，抽象派比较注重服装的审美观赏性，以追求审美价值为主，要求服饰能超越现实生活，具有一种审美上的超前性。而实用派相对来说更强调服装的实用价值，要求能在社会上流行开来，为人们普遍接受和喜爱。这都充分说明，服饰已成为人们社会生活中不可缺少的组成部分，它在美化人们的生活、提高人们的生活质量等方面发挥着越来越重要的作用。

B. 服饰美的构成要素

穿衣戴帽尽管是人们不同的爱好和习惯，但是，如何穿衣戴帽有很大讲究。穿着得体，就能充分展现出服饰特有的审美内涵，与人的容貌、气质等协调一致，使人不仅具有迷人的外在美，同时也具有富有魅力的内在美。如果穿着不得体，不但不能显示特有的美感，而且还会让人感觉到别扭甚至是俗不可耐。要提高服装的审美功能，必须深入了解服装形式美的各个构成因素。

a. 配色

配色指的就是服饰色彩的合理运用和搭配，这里也涉及色彩的审美特性问题。色彩的重要性在于它能最有效地唤起人的视觉上的美感，是一种具有很强的审美表现功能的自然物质，能够为人们普遍接受。

色彩与人的情绪的关系主要表现为寒暖感。色彩的寒暖是根据色调决定的，一般将给人以暖感的色彩称为"暖色"，主要有红、黄色等；给人以寒冷感觉的色彩，人们称之为"寒色"，也叫"冷色"，主要有绿、蓝、紫色等。兴奋与恬静感，一般来说，暖色调有兴奋感，冷色调有恬静感。华美与质朴感。红色、红紫色有华美感，而黄色、橙色

等有质朴感。联想与象征。红色在人们的生活经验中是太阳和火的颜色，让人联想到热情；绿色是自然中草木的颜色，让人联想到清新与美好。

色彩的这些不同的审美特性，对于服饰的配色来说非常重要。服饰的配色一定要根据人们不同的年龄、性别、性格、职业等进行。总的来说，服饰的搭配要让人感觉得体、大方，具有一定的和谐的美感。因此，服饰配色应按照美的和谐统一的原则进行。

b. 款式

款式指的是服饰的式样和审美造型因素。服饰的款式是随着社会生活的发展变化而变化的，体现出人们对服饰美的不断追求，如人们经常说的"流行款式"等。

c. 功能

这里的功能主要指的是服饰的审美功能。服饰之所以备受人们的喜爱和重视，除了它具有"蔽体"的实用价值外，还具有如下突出的审美价值和作用：第一，它能起到扬美与掩丑的作用。扬美就是通过服饰的美来衬托人体的美，使两者的结合相得益彰；掩丑指的是利用服饰来掩盖人体自身的缺陷和不足，从而达到美的效果。第二，服饰能起到美化环境的作用。第三，服饰美能充分表现一个人的个性美。第四，服饰美能起到引导社会的审美潮流的作用。

② 化妆与美容

A. 化妆

化妆与美容也是人体装扮的重要构成部分。如果说服饰主要是用来美化人的形体的话，那么化妆和美容则主要是用来美化人的容貌。人的容貌是人体重要的外表器官组合，对于人的整体形象美起着举足轻重的作用。化妆主要指的是人的面部打扮，通过化妆品来美化人的自然容颜。今天，化妆已成为人们（尤其是女性）日常生活中的重要内容，越来越受到人们的青睐。经过化妆后的容颜，能给人以强烈的视觉上的美

感。化妆应主要关注脸部化妆、眼部化妆、唇部化妆和手部化妆几个重要方面。

B. 美容

一般人都将美容与化妆看作一回事，其实二者既有联系，又有区别。从词源学的角度讲，都是使容貌美丽的意思。但是，美容与化妆也存在着一定的区别：从内涵的范围看，化妆的范围相对狭窄一些，而美容的应用范围要广阔得多；从功能上看，化妆主要起到美化装饰的作用，而美容则不仅仅是美化装饰自我，还具有较明确的医疗目的。

C. 装饰物

人体的美除了自然形貌以及必要的化妆与美容以外，还离不开装饰物的审美作用。有时，适宜的装饰物能起到画龙点睛的作用。

人体装饰物主要有：头饰（发卡、发网、帽子、头绳等），胸饰（胸针、胸花等），腰饰（腰带等），首饰（耳环、项链、手镯、戒指等），等等。

佩戴装饰物也一定要根据佩戴者的年龄、性别、着装的色彩风格，进行有针对性的选择，才能对人体美起到锦上添花的作用。

（2）人体装扮美学为健美操表演者对美的设计提供了理论基础

依据人体装扮美学原理，在健美操比赛或表演中，选择配色协调、款式新颖、有个性的服装，并进行适宜的化妆和美容，再配以独特的装饰物，将会为男女运动员或表演者锦上添花，亦表现出其独特的艺术魅力。

服饰作为文化的一种表现形式，从某种程度上反映该运动员或表演者的个性和气质。从总体上看，男士服装设计多表现男子魁梧强健、英武有力的风格；女士服装设计则多表现女性青春靓丽、高雅纯美的风格。但有时，服装的风格也可活泼多变，不拘一格。比如粗犷的整体与精巧的局部更显得别致动人，令运动员或表演者比赛或表演时豪情奔放、挥洒自如。

同时，也要重视精心挑选一件很好的头饰，如丝巾、头绳、发卡等，以及彰显个性的腰带，这将会给运动员或表演者起到画龙点睛的作用。

（二）健美操运动的美学特征

健美操是一项将体育与艺术完美结合的运动，它以独特的艺术魅力吸引着广大群众，不仅具有文化艺术内涵，还具备体育竞技的形式。与体育舞蹈、花样滑冰、花样游泳、艺术体操等项目类似，它不仅能够强身健体，还能陶冶情操，更具有极高的观赏价值和美学价值。

健美操运动所展现的美感，并不仅仅是简单的人体形态的自然呈现。相反，它是通过科学系统化的专门训练，使人的躯体在音乐的伴奏下完成连贯流畅的、富有弹性的动作。这些动作以动态和静态的外在形式表现出独特的审美特征。因此，健美操不仅是一项健身运动，更是一种独特的艺术表现形式，它将人体的优雅与力量完美地结合在一起，赋予人们无尽的审美享受。

（三）健美操运动的审美标准及美的创造与实现

1. 健美操的审美标准

（1）"健康就是美"是健美操审美的主旨

在当今社会，人们对健康的追求可以说超过了历史上任何时期。这不仅体现在人们对身体健康的关注，也包括对心理和精神健康的重视。健美操作为一项适应人类对健身美体追求的运动，其观赏者应该将表演者展示的人的身心健康美作为审美的主旨。具体表现在以下几个方面：首先，从表演者的动作风格来看，健美操要求舒展大方、刚劲有力、协调性高，且连接流畅、造型健美。这种风格能够充分展现出人们健康的体魄、健美的外形和良好的精神面貌。在健美操的表演中，观众可以感受到表演者积极向上的精神状态和生命活力。其次，健美操的编排需要有一定的思想内容，这与其他舞蹈一样。一套健美操的编排应该符合时代的发展，传达积极、健康、向上的精神。这种精神通过表演者的面部

表情和身体活力来感染观众，使观众产生共鸣，激发他们参与这项运动的强烈愿望。最后，健美操能给人们带来青春的喜悦和激情，鼓舞和激励人们更加热爱生活、努力学习、朝气蓬勃、不断进取。它不仅是一项运动，也是一种生活态度和价值观的体现。通过参与健美操的练习和观赏，人们可以感受到积极向上的生命力和健康的精神状态。这种美不仅仅是外在的，更是内在的，它能够促使人们积极参与到这项运动中来，提升自己的身心健康水平。同时，健美操作为一项集体运动，还能够培养人们的团队协作精神。在练习和表演过程中，需要大家相互配合、相互支持。这种精神对于现代社会中的人们来说尤为重要，它可以帮助我们在工作和学习中更好地融入团队、与他人协作，提高工作效率和学习成绩。

（2）动作和队形编排的创新性是健美操审美的核心

创新是推动健美操不断发展的关键所在，也是其审美价值的核心体现。因此，在健美操的编排设计中，必须要注重创造性，确保整套动作中有独特的亮点；音乐的选取应当恰到好处，节奏要有所变化；同时，整套动作的强度应当适中，动作要丰富多样，过渡与连接要自然流畅，场地与空间应得到充分利用。如果是集体项目，还需要注重队形变化以及动力性身体的配合。

（3）表演者丰富多彩、新颖、独特的动作展示是健美操审美的关键

健美操最显著的特点在于其动作美，这种美是通过时间的流动来打破静态美的限制，使美的形态能够不断创新，吸引人们去探寻、追求和捕捉。每个表演者都应该追求动作的完美和新颖，尽量避免重复。在考虑运动员个人能力的基础上，可以适当增加动作的难度，并保证动作之间的衔接自然流畅。

2. 创造与实现健美操美的基本要求

（1）创编者

① 创编者要把握好时代的主题，让创编风格紧跟时代发展步伐。艺

术源于社会，又可以为社会服务，艺术应该将反映时代主题作为主要目的。健美操创编者也是健美操艺术的创造者，应该具有分析时代主题的能力，并能够将这种能力应用在创作中，让健美操的动作符合社会发展主旨且与人们的审美需求相适应，进而得到社会的认可，最终将健美操的美传播开来。

② 创编动作时，应该充分了解不同对象的审美需要。各年龄段、性别、职业以及各受教育程度的受众的审美需求各有不同，创编者应该重视这种审美差别，这样才可以满足各类受众对美的需求，只有把握好人与人之间的差别，才能使健美操具备不同类型的美。

（2）表演者

① 在表演中，健美操注重外形与神韵的高度统一。作为以艺术表演为主的运动项目，健美操与散文一样重视外形与神韵的统一。所谓的"形"美是指表演者的外在美，通过展示强健而匀称的身体、优美的身体姿态和动作来呈现美。而"神"美则是指渗透、融合在健美操"形"美中的内在美、气质美和抽象美。表演者在音乐的配合下，将健美操的思想内容与自己对健美操美的理解，以及表演者自身的人格魅力和思想境界等元素融合在一起，共同表现出一种独特的美。

② 健美操表演注重与观众的情感交流和互动。如今，所有艺术表演项目都重视与观众的交流，而交流的手段就是互动。这不仅是为了烘托现场气氛，更是表演者与观众交流思想、传播美的有效途径。眼睛是心灵的窗口，因此健美操要重视与观众的眼神沟通，善于用身体语言来表达思想。这样，健美操表演者就能激发观众的热情，让他们跟随音乐节奏欢呼、呐喊、舞动。这也是竞技健美操运动员在比赛中取得高分的关键，是健美操表演成功的显著特征。

③ 健美操表演注重优雅而非庸俗，充满激情而非放荡。其动感、激情和活力使其广受欢迎。尤其是竞技健美操和表演健美操，它们展现出青年男女张扬的个性，适当夸张的动作反映了社会的生机与活力，但过分夸张和忽视技术动作会破坏观众的审美感受，对比赛或表演的成功产

生负面影响。因此，健美操运动员和表演者应保持高雅的气质、娴熟的技术和舒展的身姿，赢得观众掌声，充分展现健美操的美。

（3）舞台设计者

① 舞台主题设计应反映比赛或表演的主题。通常，每次健美操比赛都有一定的主题，并且不同类型的健美操比赛突出的主题是不一样的。那么，作为健美操比赛或表演的物质载体——舞台的设计也同样要凸显比赛的主题。作为舞台设计者一定要根据比赛的主题确定舞台设计的主题，以实现舞台设计为比赛主题服务的目的。

② 舞台设计应符合健美操比赛场地的规则要求。对于正式的竞技健美操比赛，比赛规则对比赛场地有明确的要求。规则规定：健美操比赛场地的面积为 7 m×7 m（六人操场地的面积为 10 m×10 m），赛台的高度为 100～150 cm，后面有背景遮挡，赛台的面积不得小于 9 m×9 m，并清楚地标出 7 m×7 m 的比赛场地，标记带为 5 cm 宽的红色带，标记带包括在 7 m 宽的场地内，也就是说，标记带是场地的一部分。在设计正式的健美操比赛场地时，要严格按照比赛规则的要求进行设计。

第四节　"寓乐于体"教育思想

一、提出"寓乐于体"教育思想的背景分析

（一）"新课程标准"改革的必然要求

为了响应"新课程标准"改革的号召，体育教师要不断更新教学理念。除了要向学生传授基本的体育运动技能外，更要让学生积极地参与体育运动，促进学生身心的健康发展。在教学实施的过程中，体育教师

要以学生的需求为根本出发点，抓住一切教学契机，激发学生主动学习体育课程的热情。使学生由被动学习变为主动思考、自主活动、自我管理，同时使学生在心理上获得愉快的体验。教师也应充分挖掘自身潜能，真正做到教学相长。

体育教师应充分尊重学生主动学习、探究学习的主体地位，只有这样学生才能获得全面的发展。与此同时，教师也要最大限度地激发自己的主观能动性，为学生树立优秀的学习榜样。

（二）"乐学"成为主旋律

1. 教学目标的可及性

何为教学目标的可及性？简而言之，就是针对每位学生的身体素质，结合体育项目的运动特点，设置一些学生通过努力就能够达成的目标。以"引体向上"教学为例，教师对身体素质好的学生可以将要求提高一个等级，而对身体素质不好的学生可以将要求降低一个等级，依据学生实际的身体素质状况进行随机教学，最终的目的是让所有的学生都能达成教学要求，并获得自信和提高体育兴趣。

事实表明，如果我们设置的体育目标能让学生通过努力便可达及，那将极大地激发学生学习体育的积极性，并为他们带来自信的体验，进而也将调动他们学习体育的热情和主动性。

2. 教学活动的主体性

尊重学生的主体地位是实现教师主导地位的前提，也是实现学生乐学的必要保障。在教学过程中，教师要从学生的实际需求出发，并结合教学的实际内容，设计一些符合学生身心特点和认知规律的教学环节，充分尊重学生的主体地位，提高学生的学习兴趣，调动学生的参与意识，提高教学效率。

3. 教学评价的激励性

教学评价的最终目的是为学生正确认知自己提供一个科学的评判标准，让学生能够深知自身存在的优势和不足，进而不断地提升自己，最终促进教学目标的达成。《新课程标准》对体育教学的评价重心有所转移，它一改以往单纯关注学生成绩的做法，更加科学地关注学生体验、探究和努力的过程，因而，我们应该充分发挥体育教学评价的激励作用。

（三）学生人本回归的有效途径

体育运动不仅仅是一种身体的运动，更是一种精神的游戏。在运动中，人们通过身体的动作和姿态，展现出对自由、乐趣和创造力的追求。这种自由不是简单的身体自由，而是一种精神自由，它让人们摆脱日常生活的束缚和压力，释放出内心的激情和能量。运动的主体不是运动者或观赏者，也不是体育比赛的结果，而是运动者和观赏者共同玩味的"某种东西"。这里的"某种东西"就是体育运动的"意义"。这种意义不是指运动的技巧或比赛的结果，而是指运动中所蕴含的精神价值和情感体验。在运动中，人们通过身体的动作和姿态表达出对自我、他人和世界的理解，创造出一种独特的意义和情感体验。只有当运动者和观赏者认真、严肃地投入这种"意义"，与之融合为一体时，体育运动才得以展示自身的存在。这意味着运动者和观赏者都需要全身心地投入运动中，通过身体的感受和心灵的触动，体验到运动的真谛和美感。在这种状态下，运动者进入了本真的游戏状态，即"物我两忘"的审美状态。在这种状态下，运动者忘记了自我和周围的世界，只专注于运动的过程和体验。游戏所带来的愉悦、自由、公正、体验、和谐，让游戏充满了魅力。在运动中，人们体验到游戏的乐趣和自由，感受到自我和他人的和谐与公正。这些体验让人们沉迷于运动中，激发出人们对运动的热爱和激情。同时，这些体验也构成了运动文化的核心价值，让运动成为一种独特的

文化现象和文化表达。

1. 自由

游戏与自由是密不可分的，二者缺一不可。没有自由，就没有游戏。康德在论证艺术和游戏的关系时认为，艺术的精髓在于自由，而自由也是游戏的灵魂，正是自由，使艺术与游戏连在了一起。席勒也将游戏理解为与"自由活动"同义而与"强迫"相对立的概念。

在中国，庄子在《逍遥游》里，用极富散文色彩的笔调，阐明了他自由的哲学思想。庄子认为，"游"是最好的生存方式，只有"逍遥"才能达到"游"。"逍遥"就是指"逍遥于天地之间而心意自得"。在庄子看来，人应该追求一种绝对的精神自由，自由自在才是人生存的理想境界，而一切依靠客观条件的自由（有待）都不是真正的自由，只有绝对地离开条件的限制（无待），才是真正的绝对自由。而常人达不到"逍遥游"，因为人有所依赖，有所追求，把功名利禄看得太重，所以，"若夫乘天地之正，而御六气之辩，以游无穷者，彼且恶乎待哉！故曰，至人无己，神人无功，圣人无名"[①]。即要做到"无待"，必须做到"无己""无功""无名"。庄子"逍遥游"的思想，对中国的游戏观影响很大。

2. 规则

当然，尽管游戏是倡导自由的，但是世间万事万物的自由都在一定范围内，没有随心所欲的自由存在。游戏也一样，它的自由是在规则限定范围内的自由。因为只有存在规则，才能确保游戏的顺利进行。规则是自由的护身符。语言里唯一和自然必然性关联的东西是一种任意的规则。这种任意的规则是我们能从这种自然必要性中抽出来注入一个句子的唯一的东西。利奥塔在通过语言来考察后现代的知识状况时也强调，科学知识是一种有自己的规则的游戏，他认为维特根斯坦的语言游戏是

---

① 路海华，李传印. 逍遥天地《庄子》与人生态度［M］. 南京：译林出版社，2014.

通过研究话语的作用而找到各种陈述，这些陈述都应该能用一些规则来确定，所以利奥塔也非常注重游戏的规则。

游戏的规则主要有内隐和外显两种。内隐的规则主要是指隐含在游戏外表之下的规则，它主要是指那些必须服从的游戏需要。维特根斯坦就此曾说过，游戏规则不一定有明确而详细的规定，人们可以在语言游戏中学习规则，甚至可以盲目地遵守规则。

外显的规则，顾名思义，就是表面上大家都看得到和必须遵守的那些规则，通常外显的规则都是在游戏开始前就明文规定的，其最大特点就是可以直接感知。当然，自由和规则在游戏中并不矛盾，因为游戏和规则是在游戏者共同协商、共同理解的基础上制定的，游戏的规则是游戏者自愿接受、自觉遵循的一种内部自我限定，用于协调和评判游戏行为，保证游戏公正、顺利地进行。

3. 体验

有参与者参与的游戏才是真正的游戏，游戏的最终目的就是使参与者通过游戏体验获得游戏快感。游戏者在游戏中获得的真实感受才是游戏最真实的存在。游戏时，游戏者尽情地遨游在游戏的世界之中。美国心理学家西克森特米赫利研究发现，人在游戏时有一种独特的体验，能够非常专注，往往能够爆发出超越以往的创造力，使身心获得极大的满足。他的观点与美国人本主义心理学家马斯洛的"高峰体验"有着惊人的一致性。马斯洛在对多名研究对象进行访谈和对大量的宗教、艺术等相关论述进行研究之后，发现几乎所有的自我实现者都会经历这种神秘的体验。

二、实施"寓乐于体"教育思想的意义分析

（一）体育游戏与身体健康

身体的健康包括人体各部位或器官的发育与功能的完善，它包含着

身体的形态、功能以及智力等方面的健康。身体的形态健康指人的身体结构、肢体比例、身体姿态等方面具备良好的发展指标。简言之，即具有健康、优美的体形。身体的功能健康表现在基本活动能力正常，以及从事体育运动所需的能力的完善，包括速度、力量、耐力、柔韧性、灵敏性、协调性、平衡性和反应能力等方面。智力是指人对客观世界的感知，对信息的获取、整理和加工，在感知的基础上进行记忆、思维和想象等。智力的健康主要表现在思维敏捷、头脑灵活，具有良好的学习、分析与判断能力等方面。

肌体健康是促进人的发展的物质条件，而智力健康则是促进人的发展的精神条件。在体育游戏过程中，人的身体形态、功能以及人的智力水平都会得到一定程度的发展。

体育游戏是一种以身体运动形式进行的综合性体育活动，其活动内容和形式经过预先设计，因此具有与其他体育活动相同的健身作用。此外，由于体育游戏具有综合性特点，它能够对身体进行全面的锻炼，达到良好的身体锻炼效果。人们参加体育游戏通常是为了体验有趣的游戏过程，这是一种自觉自愿的行为。在体育游戏中，人们能够发挥最大的能动性，因此能够达到其他体育手段无法比拟的良好的身体锻炼效果。

1. 体育游戏与身体形态和功能的发展

（1）体育游戏与身体形态的健康

良好的身体形态不仅是身体发育完善的标志，而且还能给人以美感。而具有良好体形的人自身也通常能保持一种健康自信的心态，这对于人们生活的各个方面都有着积极的影响。例如，"能看到多高""金鸡独立""膝顶下巴""背后握手"等站姿游戏；"跪姿头碰地""'V'字平衡""左坐右坐"等坐姿游戏以及"小摇车"等卧姿游戏，都可以通过拉伸身体的肌肉、韧带，提高身体的柔韧性和平衡能力，增强局部肌肉力量，从而达到塑造良好身体形态的目的。

（2）体育游戏与身体功能的健康

人的基本活动能力包括走、跑、跳、投、攀登、搬运等。体育游戏在培养人的基本活动能力方面有重要的作用，尤其对于少年儿童而言。少儿时期是人的基本活动能力发展的黄金阶段，而在这一阶段，少儿表现出的特点是自制力与理解力差，参加活动多凭兴趣。体育游戏趣味性强的特点恰好满足了少儿的需求。孩子们在兴趣的指引下，能够主动积极参加各种有益的游戏，在愉悦的氛围中提高身体的机能。这类游戏如发展奔走能力和节奏感的"大步走，小步走""和着节拍走"；发展跑的能力和躲闪能力的"追拍跑""钻洞跑"等；培养弹跳力、灵活性的"跳皮筋""夹口袋跳"；发展手臂力量、灵巧性的"沙包投准""小球打大球"；综合发展基本活动能力的器械游戏，如"荡秋千""滑滑梯""蹬圆木""攀肋木"；等等。

学校中的体育游戏常与田径、体操、球类等项目密切配合，经常利用各种运动项目中学生比较熟悉并基本掌握的技术动作来编排游戏，如田径中的"迎面接力赛""垒球投准"，体操中的"前滚翻接力""双杠支撑前移接力"，以及篮球中的"运球接力赛""投篮赛"等。一方面，能扩充体育游戏的容量，使游戏的内容更加丰富多彩；另一方面，能在游戏过程中检验学生对各种基本运动技术的掌握情况。这种形式可以让学生"在乐中学，在学中乐"，既巩固了已学的运动技术，也能不断改善和提高学生的各种体育活动能力。可见，体育游戏为运动技术的逐步完善、运动能力的健康发展提供了一条切实可行、科学有效的途径[①]。

2. 体育游戏与启发智慧

体育游戏不仅能够完善人的身体形态机能，提高人的基本活动能力，同时也在人的智力发展方面发挥着巨大作用。

---

① [苏]高尔基著；刘辽逸译. 童年 在人间 我的大学 [M]. 北京：人民文学出版社，2015.

人的脑细胞数量与出生时相同，一直不会增加，但大脑的重量则会增加，出生时为 400 g，到成人时可增加 3～4 倍。6 岁儿童大脑的重量就已经达到成人的 90%。人的脑部两岁时形成有关个性的部分；6 岁时，铺成思考的基本路线；10 岁时，可略见将来的精神成长。在这三个阶段，健全地调整神经突起组合，才容易让儿童发育成有高度思维能力且智力发达的孩子。可见，人的智力除遗传因素外，主要是由后天教育（特别是早期教育）决定的。因此，对儿童智力的开发须及早着手。体育游戏对人的早期智力的健康发展有着积极的促进作用。在幼儿阶段宜多采用各种发展幼儿爬、走、跑、模仿、协调等基本活动能力的简单游戏。例如，提高模仿力的"小兔跳"，提高协调力的"渡臀""膝步走"，提高身体平衡能力的"围圈跑"，提高灵巧性的"向后绕足走"等。这些丰富多彩的幼儿游戏要求孩子脑体并用，边想边做，在促进身体活动能力提升的同时，能帮助他们开动脑筋，用自己的眼睛去观察周围的事物、认识周围的世界。可以说，在儿童智力发展的关键期，体育游戏既锻炼了其身体的敏捷性，又锻炼了头脑的灵活性。正如高尔基所说："游戏是儿童认识世界的途径。"

实际上，许多体育游戏或多或少都具有智力考验的因素。如"反口令行动""低头看天""抓手指""扶棒"等，都需要游戏参与者具有机敏的反应，具有视觉、运动感觉的敏感性，以及对空间和时间的判断能力，才能快速而准确地完成游戏。此外，体育游戏通常是以对抗、竞赛的形式来进行的。如"冲过封锁线""攻城""齐心协力"等游戏，需要参与者积极地研究战略布局和战术配合，研究个人或团队如何在规则允许的范围内采用最佳实施方案，选择最有效的动作战胜对手，从而完成游戏。战略、战术的研究和运用，不仅是体力的竞争，也是智慧的较量，这些都要求参与者开动脑筋，启发思维。体育游戏的条件和环境多变，内容复杂，它能够发展人敏捷、迅速的判断力并增强记忆力，这对人的智力水平的提高势必会起到良好的促进作用。

（二）体育游戏与健康心理的形成

1. 体育游戏有助于消除或减缓不良的学习情绪

人的情绪状态是衡量其心理健康水平的重要指标。人生活在错综复杂的社会环境中，经常会产生忧愁、压抑、焦虑、紧张等负面情绪。

"趣味性"是体育游戏最基本的特征。游戏本身的新奇、惊险、激烈、紧张会给参与者带来愉快的情感体验，体育游戏往往自始至终都充满了欢笑。即使像"老鹰抓小鸡""打鸭子""两人三足"这样的传统游戏，也常常让人乐此不疲。人们在游戏过程中摆脱了现实生活中的忧愁和烦恼。除此之外，在游戏中获得胜利，还会使人产生自豪感，增强自尊心与自信心，并在精神上获得一种自我价值得以实现的满足。

2. 体育游戏有利于确立自我概念

自我概念是个体主观上对自己的身体、思想和情感等的整体评价，它是由许多自我认识所组成的，包括"是什么样的人""主张什么""喜欢什么""不喜欢什么"等。

随着年龄的增长，青少年开始注重自己的外形、姿态，对拥有健美体形的要求与日俱增。而对于身体形态不佳的青少年而言，对自己身体表象（身体表象是指头脑中形成的身体图像）的认识，常会伴随不满意、失望甚至自卑等心理体验，以致影响其正确自我概念的确立。从体育游戏对人的身体健康的影响可知，经常参加体育游戏有利于良好身体姿态的形成，有利于人们，特别是青少年改善及正确形成自身的身体表象。这可以使其克服心理障碍，获得从身体到个体的自尊与自信，并最终完全接纳自己。

3. 体育游戏能培养坚韧的意志品质

意志品质是指人的果断性、柔韧性、自制力以及勇敢顽强和自主独

立等精神。意志品质是在克服困难的过程中表现出来的，也是在克服困难的过程中培养起来的。

体育游戏环境条件丰富多变，组织形式繁多，特别是一些跨越障碍的游戏，诸如体操中的"跳杠追赶""荡越河沟"，田径中的"障碍跑"，足球中的"抢传球"等，都要求参与者在活动中不断克服各种客观困难（如难度、障碍等）和主观困难（如胆怯、畏惧、害羞等），并在克服困难中培养良好的意志品质。由于体育游戏具有"趣味性""竞争性"与"合作性"等特点，通过这种形式来对人的意志品质加以培养，往往能够收到很好的效果。在趣味十足的游戏内容的吸引下，在夺取胜利的愿望的驱使下，以及在同伴的支持与鼓励下，一个人更能克服无论是来自外界环境还是来自个人内心的困难，更容易塑造坚韧的意志品质。

4. 体育游戏有助于人际交往和沟通

在体育游戏中，一方面学生们能够通过互相接触、合作和竞争等，使个体与个体之间、个体与集体之间、集体与集体之间交流更广泛、更频繁，形成一个小型社会，学生之间可以做到相互包容、尊重信任、团结友爱、鼓励扶持，构建良性的人际关系；另一方面，在游戏要求和规则的规范下，人与人之间的关系是相对平等的，因此为建立良好的人际关系提供了最佳的平台。

5. 体育游戏有助于学生探索精神与创造性的培养

体育游戏为学生的自由探索提供了平台，有利于学生探索精神的充分发挥，激发其创造热情。例如，在具体的教学实践过程之中，体育教师可以为学生创设想象和思考空间，让他们探寻一切可以解决问题的办法，这就是创造性的一种培养方式。这也正是体育教学中特别珍贵的因素，有利于为未来社会的发展培养需要的栋梁之材。

现代社会对现代教育提出了更新的要求，它鼓励开发学生的创造性

和探索精神。这就要求体育教师们不再单纯地只向受教育者传授一些基本的体育运动技能，而是教会他们学会学习，只有这样，他们才能成为适应社会发展的合格人才。学会学习、学会生存的核心内容之一是学会发现、学会创造。那么如何培养学生的创造性呢？这成为当今教育界亟待解决的难题之一。大量的实验研究表明，游戏有助于培养学生的创造性和探索精神。

（三）体育游戏对个体社会化的积极作用

1. 规范道德行为方式，促进价值观内化，培养竞争合作意识

体育游戏是一种规则游戏。游戏规则绝不是游戏制定者随心所欲而定的，它一定是建立在公正和道德判断的基础之上的，它需要符合大多数民族公认的伦理标准和共性特征，因而在消除偏见、克服狭隘、实现对话、互动沟通和规范行为等诸多方面，均能达到较高程度的一致性。游戏规则的制定有助于学生良好行为规范的形成。游戏者在熟悉游戏规则的基础之上，才能养成遵守规则的良好习惯，进而体会社会规范的意义与价值所在，约束自己的社会言行，提高社会道德品质。由此可见，学生对体育游戏规则的遵守与秉承，在一定程度上可以影响他们在现实生活中的行为规范，因此，我们要注重发挥体育游戏塑造和培养道德行为的价值。

2. 满足合群需求，促进人际交往，完善个性特征

体育游戏以群体性活动为主。游戏群体是学生在家庭之外所接触的一个十分重要的初级群体，是他们进行人际交往、社会互动以及学习生活知识和技能并得到个性发展的最重要的社会群体之一。学生参加体育游戏活动，增进沟通和了解，不仅可以扩大交友范围，增进学生之间的感情，还有助于拓宽自己的视野，从别的游戏者身上发现另外一个世界。

此外，在游戏中产生的良好情绪及其体验，有助于克服他们独立于家庭之外，步入社会所伴随产生的孤独、焦虑、恐惧、内疚和自卑等不良心理。同时，他们能够比较自然地了解并逐渐形成尊重、理解、谦让、协商、竞争、合作、共处、互助、信任、宽容、忍让、体谅、荣誉、责任、和谐、公平、公正、自尊、自重、自爱、自信、自强等优秀品质和健康的个性特征，而这一切对他们适应社会竞争、胜任社会角色都有深远的意义。

3. 可以促进社会角色的体验，形成自我意识，培养社会化品质

在体育游戏活动过程之中，游戏参与者中的每一个人都扮演着一定的角色，这些角色虽然看似很虚幻，感觉只存在于游戏之中，其实，有的时候也是对现实生活中某些角色的模拟。通过在游戏中扮演不同的角色，有助于他们养成站在别人的角度上看待问题的良好习惯，有助于填补他们对社会不同角色的心理承受和想象空间，有助于培养他们的角色认同感，从而使他们更好地接受社会、适应社会。在社会角色体验中，为使他人能理解自己的表演和行为的真实含义，个体就必须遵循角色的特定规范并按其要求的社会行为模式进行相应的行为表现，这既是角色扮演的前提，又是一种使角色顺利进入社会的保证。

社会角色是完成社会活动必要的社会形式和个人的行为方式，通过游戏群体活动中不同角色的扮演，大学生能够对社会角色的了解更为深入、透彻，社会角色是与人们的某种社会地位、身份相一致的一系列权利、义务、职责的规范与行为模式，这种体验十分有助于他们步入社会后成功地履行各种不同角色的职责，同时，他们的社会适应性和个性品质在此过程中也可以得到高度发展。

（四）体育游戏的艺术价值

体育游戏是游戏的一种重要的表现内容，也具有一定的艺术性。

1. 把所欣赏的意象加以客观化

游戏意象是心境从外界折射出来的影子变成的一个具体的情境，可以在这个具体情境中寻找人们所需要的满足。例如，小孩骑马游戏的产生，就是小孩子心境在外界所折射出来的影子，以此来得到自己想骑真马的满足。

2. 具有移情作用

我们在长大成人、面临枯燥乏味的学习和工作之后，便经常会怀念童年时光，因为那时的我们是天真无邪的，每个孩子都很容易陶醉在游戏带给自己的美好的世界里。尽管当时的真实世界并不乐观，但是游戏时的忘我精神，使得每个孩子仿佛都看见了天堂。游戏带给我们的不仅仅只是物质享受，还有实实在在的精神享受，这也就是游戏的移情作用的价值所在。

3. 用现实世界之外的另一个理想世界来安慰情感

人从呱呱坠地开始就是好动的，凡是不能动的，都终将让人苦恼。疾病、衰老之所以被人厌恶，最大的原因就是限制了人们动的自由。越自由能动，越让人感到快乐。当然，现实世界是有限的，它不允许人无限制地自由活动。但是，人们不能接受这一痛苦的事实，非要在有限的活动里创造无限的可能，于是体育游戏诞生了。体育游戏的功能在于帮助人们摆脱现实世界的束缚，享受运动带来的快乐，所以体育游戏在人们闲散时需求最大，从这个意义上讲，它确实是一种"消遣"，是一种艺术化了的活动。

第三章 高校体育教学内容的发展

本书第三章高校体育教学内容的发展，介绍了四个方面的内容，依次是体育教学内容基本理论、体育教学内容的编排与选择、体育教材化、高校体育教学内容的发展与改革。

第一节 体育教学内容基本理论

一、体育教学内容的概念

以达到体育教学目标为目的而进行的体育知识和技能体系等方面的选择和运用，就是所谓的体育教学内容。

在体育教学中，教学内容是教育者以教育的一系列要求为主要依据，通过对前人体育和教育实践经验进行综合的总结，按照教育原则，从丰富的体育技能理论当中精挑细选出来的。教学内容在教师与学生之间扮演着媒介的角色，这就对教师和学生之间的信息交流起到决定性作用。

从某种程度上说，体育教学内容对体育教学的效果和质量起到决定性作用。

二、体育教学内容的特点

体育教学内容有着较为显著的特点，具体来说主要表现在以下几个方面。

（一）健身性

体育的一个重要功能就是增强体能、增进健康。体育教学内容学习的实质就是学生体育知识、身体练习和技能的学习。体育教学的主要目的，就是通过对身体练习的运动负荷量以及强度进行合理的安排，借助一定的手段加以调控，从而使学生的体质得到增强，变得更加健康。体育教学内容对于学生增强体质增进健康的作用，是其他所有教学内容所不具备的。

（二）娱乐性

发展到现在，体育项目越来越多，而这些项目最早大都起源于各种游戏，然后经过长期的演变和发展而来。在体育教学中，各项教学内容也是如此，大都来自体育运动项目，由此可以认定这种体育教学的内容必定带有一定的乐趣性和娱乐性。在体育教学过程中，这种运动娱乐性主要体现在克服困难、协同作战、争夺胜利等心理过程中，体现学生对新的运动的体验和对学习进步的成就感，体现在运动的环境、场地、比赛规则、比赛形式等变化和加工方面。当学生学习某项运动技术时，本身就会存在对这种运动乐趣性的追求动机，因此体育教学内容本身就有一定的娱乐性特征。

（三）运动实践性

体育教学内容的实质是身体运动的一种实践，这是区别于其他教学

内容的地方。体育教学内容可以说是以有关身体运动的学习和身体运动的技能形成为主要培养目标的内容；是以运动为媒介，以大肌肉群的活动状态进行教育的内容。体育教学内容的学习并不单单是学生大脑思维的活动，学生不光要对内容进行理解，并且要在实践中进行运动学习以及身体练习。学生在参加体育学习的过程中，要通过运动中的肌肉本体感觉的形成与动作的记忆，来判断自己是否真正掌握了教学内容。因此，在体育教学内容中，学生的学习是要将思维和行为联系起来的。所以体育教学内容的学习尤为强调练和做等实践行为，因而呈现出运动的实践性特征。

（四）教育性

对学生进行教育的载体就源自体育教学的内容，所以在选择体育教学内容时，首先想到的就应该是它的教育性。一般来说，体育教学内容的教育性主要从以下几个方面得到体现。（1）对于大多数学生是较为适用的。（2）有益于学生的身心发展。（3）既有冒险性又比较安全。（4）摒弃落后性，发展创新性。（5）避免过于功利性。

三、体育教学内容的层次

（一）宏观层面

1. 上位层次

在体育教学中，上位层次的教学内容主要是由国家教育行政部门规定的，国家对教学方法进行的行政规划和管理，体现着国家的意志，各个学校都必须以之为依据开展教学活动。

在体育教学内容的开发上，一般具有专门性，目的是使未来公民接

受基础教育之后达到一定的体育素质水平。在对体育课程标准或教学大纲的制定以及教学内容的编写上，要根据不同教育阶段的性质与培养目标进行。一般来说，国家教育部门制定的课程和教学内容，要比地方体育课程丰富得多。因此，国家体育课程和教学内容在体育教学中起着主体性作用。

2. 中位层次

地方课程和教学内容是学校体育教学内容的中位层次。这一层次的教学内容是在国家规定的各个教育阶段的体育课程内来进行开发的。这一层次教学内容的开发必须结合当地的具体实际情况进行，其开发者大多为省一级的教育行政部门或经授权的教育部门。地方体育教学课程和教学内容能够更好地适应当地体育发展的需要，适应当地体育发展的现状，能够更加高效地利用当地体育和教育资源，因此具有更重要的价值。

3. 下位层次

学校体育教学内容的下位层次是学校课程和教学内容。这一层次的课程和教学内容具有多样性和选择性的特点，其中主体是学校的教师，以国家课程和教学内容、地方课程与教学内容为前提进行具体实施，并科学评估本校学生的特点和需求，对当地社区和学校的体育教育资源进行充分利用，以学校的办学思想为依据。

在体育教学中，体育课程资源的开发要以国家教育方针、国家或地方体育课程和教学内容等为依据，教学内容的设计要体现出独特性和差异性，要满足每名学生的体育需求。

上位层次、中位层次和下位层次三方面的体育教学内容共同构成了我国的基础体育教学的内容体系，它需要国家教育部门、地方教育部门以及学校三者协调努力，这样才能够促进体育教学内容的科学化发展。

（二）微观层面

课程是以教学内容为载体而实现的，以教学内容论的观点为主要依据，教学内容包含着多层意义。以教学内容具体化的程度为依据，可以将体育教学内容从微观层面分为以下几个层次。

1. 第一层次

微观层面的第一层次即体育课程标准所示的学习内容。以体育与健康课程标准规定为例，运动参与、运动技能、身体健康、心理健康、社会适应五个学习领域即从这一层次进行的分析。这种分析实际上是对活动领域的一种表述，并非常规意义上的体育教学内容。

2. 第二层次

第二层次是第一层的具体化形式。从某种角度说这是能力目标分析，也不是通常意义上的体育教学内容，如体育与健康课程标准明确的水平目标：获得运动的基础知识，说出所做简单运动动作的术语（转头、侧平举、体侧屈、踢腿等）。

3. 第三层次

这一层次指的是教学中需要具体运用到的硬件与软件等物质设施，也就是说，属于普遍意义上的教学内容教具，比如篮球、足球、体操、武术等运动项目，以及与这些项目相关的场地器材。这一层面是常规意义上所说的体育教学内容。

4. 第四层次

这一层次是具体的练习方法手段，即某项教学内容（如篮球）的下位教学内容，如练习教学内容（篮球运动的各种练习方法）、游戏教学内

容（与篮球运动关系密切的游戏）等。

四、体育教学内容的分类

体育运动项目有很多，其内容也非常丰富，因此在将这些内容进行分类时，采用何种逻辑进行分类就成为一个重要的课题。合理地对体育教学内容进行分类能够使教师和学生更加深刻地认识体育教学内容，从而更好地参与到学习之中。目前，关于体育教学内容的分类方法大致包含以下几大类。

（一）以体育教学目标为依据进行划分

依据教学目标进行分类，可以将体育教学内容分为掌握体育运动技能的练习、掌握科学锻炼方法的练习、提高安全意识与能力的练习、发展体能的练习、发展学生心理素质的练习、提高学生社会交往能力的练习、提高基本活动能力的练习等。这种分类也是体育教学中一种比较常见的教学内容分类方法。

这种分类方法能够使根据多种目的的身体练习得到人为的规定，能够使教学内容具有一定的目的性，对于打破陈旧的、以竞赛为目的的教学内容编排体系也非常有利，从而保证学生能够学到比较多的体育教学内容。

（二）以体育的功能为依据进行划分

此分类方法是根据我国体育课程相关的文件，以三维健康观、体育的本质特征、国际体育课程发展的趋势为依据，将体育与健康课程划分为运动参与、运动技能、身体健康、心理健康以及社会适应五个领域并以目标为依据对体育课程的内容体系进行了重新构建。

（三）以人体基本活动能力为依据进行划分

依据活动能力进行分类，也就是按照人的走、跑、跳、攀登、负重等进行分类，进而重新分类组合各种各样的运动项目和身体练习的方法。这是在体育教学实践中比较常见的一种分类方式。这种分类方法比较灵活，不会受到正规的体育运动项目条框的限制。所以，这种方法在有利于组合教学内容的基础上对学生的各种身体动作和基本活动能力进行发展，所以这种分类模式对于低年级的学生比较适合。但这种分类在学习掌握体育运动技能、发展体能等方面的局限性比较强，对于高年级学生来说，其要求往往无法得到满足，容易使高年级学生缺乏体育运动的动机。

（四）以身体素质为依据进行划分

发展学生身体素质是体育教学的目标之一。依据身体素质进行分类，是一种按照力量、速度、柔韧、灵敏、耐力的分类。这种划分或者是按照与动作技能相关的体能如力量、速度、灵敏、平衡、协调、反应时间；或者是按照与健康相关的体能如身体成分、肌肉力量、心肺耐力、肌肉耐力、柔韧性等进行分类，进而对各种各样的运动项目和身体练习进行重新分类组合。

这种分类方法具有较强的针对性，对于学生正确认识各种体育运动项目与身体练习以及对体能的发展相当有利，同时能够有目的、有针对性地发展学生的体能。但此分类方法也有一定的弊端，那就是在体育运动项目中，许多项目并不是以提高某一方面身体素质为前提的，因此对待这类项目时这种分类方法显得比较模糊，而且这种分类方法使学生在对体育教学内容的文化特性的认识上容易陷入误区，造成学生对体育运动文化方面的认识不足。

（五）以运动项目为依据进行划分

这是按照各个运动项目的名称和内容而进行的具体系统分类，体育教学内容大致可以分为球类、体操、田径、武术、体育舞蹈、冰雪运动、水上运动等。这种分类方法对各式各样的运动项目以及特点加以详细的划分。这是体育教学中最常见的教学内容分类方法。

这种分类方法在各个方面都更加容易理解，对于学生了解和掌握体育运动文化具有非常大的帮助。但是这种分类方法将导致一些运动项目被忽略。而且即使在正式比赛的项目中也可能由于规则、技能等方面需要具有相当高的水平而与学校体育教育不相符，所以如果将其纳入体育教育内容必须进行一定程度的改造。但经过改造后，这类教学内容往往会与本来的运动项目出现非常大的差异，会对学生在运动项目的理解和掌握上造成非常大的影响。

从上述内容中可以得知，对体育教学内容的分类方法是多种多样的。体育教学内容的分类可以分成不同的层次，在不同的层次可运用不同的分类方法，但是在同一层次上必须采用同一个分类标准进行分类。

第二节　体育教学内容的编排与选择

一、体育教学内容的编排

（一）体育教学内容的编排方式

在体育教学内容的编排中，存在循环周期的现象。这里所说的循环，是指同一教学内容在不同的学段、学年重复出现。这种循环的周期有的

是课，有的是单元，有的是学期，有的是学年，甚至有的循环是在某一个学段。以跑步为例，一节体育课上要进行 100 m 跑，下一次课当中仍要进行 100 m 跑就是以课为周期的循环。在一个学期内安排 100 m 跑，在下一个学期的课程中仍安排 100 m 跑就是以单元和学期为周期的循环。因此根据以上理论，我国体育教学学者可以以不同的内容性质为主要依据，对体育教学的内容的编排进行层面的划分。具体来说，可以划分为以下四个层面，每个层面都有其各自的编排方式。（1）"精学类"教学内容——充实螺旋式。（2）"粗学类"教学内容——充实直线式。（3）"介绍类"教学内容——单薄直线式。（4）"锻炼类"教学内容——单薄螺旋式。

由此可以看出，体育教学内容的编排方式主要有两种：一种是螺旋式，一种是直线式。具体如下。

1. 螺旋式排列

体育教学内容的螺旋式排列是当某项运动项目的教学内容的有关方面在不同年级重复出现时，逐步提高教学要求的一种编排方法。

2. 直线式排列

与螺旋式教学内容的排列方式不同，直线式教学内容的排列是学习的某一体育运动项目和身体练习的相同内容，基本上不再重复出现的一种编排方法。

以上编排方式很好地满足了新课程标准中对体育教学内容的要求，并以体育教学内容当中的自身理论为主要依据，与当前体育教学内容中的各种情况的现状有机结合起来，创新地将各个方面的内容合理编排在体育教学中。所以在未来很长一段时间内，这种编排方式的实用性都是非常强的。

（二）体育教学内容编排的注意事项

在进行体育教学内容编排时，需要对以下几个方面的事项进行充分的考虑。

1. 要对学生的基础与实际需要进行充分考虑

体育教学的对象是学生。因此，为了使体育教学的内容更好地满足学生的实际需求，促进体育教学质量不断提高，应使体育教学的内容与学生的实际情况和实际需求相适应。在进行体育教学时，教师不应仅仅片面地考虑体育运动和身体练习本身的难易程度，还应依据学生的实际需要、学生的体能和运动技能基础以及其发展的阶段特征等来进行体育课程内容的安排。

2. 要对不同的体育运动和身体练习的特征加以重视

在对体育教学的内容进行编排时，应注重各种运动技能的学习、改进、巩固、提高和运用。教师在安排课程时，不能仅仅为了让学生懂得相应的知识，培养学生对应该注重还相应的知识的运用能力。

二、体育教学内容的选择

（一）体育教学内容选择的依据

在选择体育教学内容时，应该按照相关的依据进行有针对性的选择。具体来说，选择体育教学内容的依据主要有以下几个方面。

1. 按照体育课程目标进行选择

体育课程内容在实现体育课程目标的过程中存在的方式是手段，而

不是目的。体育课程目标存在多元性的特征，体育运动项目和身体练习也具有可替代性的特征，这就使体育教学内容的选择变得更加多样。

体育课程的目标之所以能够成为教学内容选择的重要依据，主要是由于体育课程目标在体育课程编制的过程中，在每一个阶段内都作为教学内容的先导和方向，所以它经过了多方专家的合理思考验证，其各个方面的影响都得到了认真合理的验证。因此，进行体育教学内容选择时，目标是必须遵循的，相应的体育课程目标对应着相应的体育课程内容。

2. 按照学生的需要及身心发展规律进行选择

在选择体育教学内容时，学生的需要是必须考虑的。体育教学以促进学生身心发展为目的，所以对体育教学内容进行选择的一个必要因素就是学生对于体育的需要和兴趣，这对于有效的学习是非常重要的。学习需要学生的主动参与，而主动参与就是说学生自身积极和努力是必不可少的。通常学生面对感兴趣的事情，他们参与的动力就会大大增加，学习的效率也将倍增。这非常符合一些教育学者所提出的观点：如果学习是被迫的而不是出于兴趣而进行的，那么学习从某种意义上来讲可以说是无效的。

学生对教学内容的接受程度取决于其身心发展规律以及特点，因此从这个角度来说，体育教学内容必须使学生可以接受，并且感兴趣。所以在进行体育教学内容的选择时，学生的特点就决定着教学内容当中的各项要素。因此，绝对不能忽略学生的实际情况。

3. 按照社会发展的需要进行选择

学生的个体发展无法脱离社会的发展。因此，体育教学能够在健康方面为学生打下良好的基础。所以在进行体育教学的内容选择时，除了考虑学生本身的需求，社会现实发展的需求也必须被考虑进去。在选择体育内容方面不能够忽视学生走向社会后发展所必需的体育素质，所以

体育教学内容必须能够满足学生在社会发展当中各方面的需要。除此之外，体育教学内容必须做到与社会生活和学生生活联系在一起，这样才能让学生体会到它的作用，其功能才能得以实现。因此，体育教学内容的选择与社会实际相符是非常重要的。

4. 按照体育教学素材的特性进行选择

在体育教学内容的选择上，最重要的因素就是体育教学素材。体育素材有着较为显著的特性，具体来说，主要包括以下几个方面。

（1）内在逻辑关系性不强

没有非常强的内在逻辑关系性是体育教学素材的最大特性。这种特性使体育教学内容的选择无法完全按照难易程度和学生素质来进行。因此，体育教学内容往往只是以运动项目来进行划分。但各种教学内容之间的关系是平行和并列的，如篮球和足球、体操和武术，表面上看似有联系，但这种联系不能被分得非常清晰，而且并没有先后顺序，我们也无法判断其中一个运动项目究竟是不是另一个运动项目的基础。所以，在这里是无法确定教学内容内部的规定性和顺序性的。

（2）具有"一项多能"和"多项一能"的特点

所谓"一项多能"，就是指通过一个运动项目，能够达到非常多的体育目的。这就是说，在这个项目中有着目标多指向性的特点。以健美操为例，有人利用这个项目来锻炼身体，有人用这个项目进行娱乐，同时这个项目还有表演的作用。在很多情况下，进行健美操运动往往能实现多个功能。这就是说，学生掌握了一项运动之后，就能够实现多种目的。"多项一能"则突出了体育教学内容之间具备相互的可替代性。比如进行投掷练习，可以扔沙袋、投小垒球，还可以推实心球或推铅球。想通过体育运动得到娱乐放松，可以踢足球，可以打排球，打篮球、打网球也可以实现。这就是说，想达到目的并非只有一个项目可以选择，其他的项目同样能够做到。正是这个特性的存在，使体育教学内容中没有无可

111

或缺的项目，使体育教学内容并不具备强烈的规定性。

（3）数量庞大

庞大的数量使体育教育内容相当庞杂，并且在归类上存在一定的难度。人类文明自诞生以来，创造出的体育运动项目数不胜数，而且丰富多彩，并且每一项运动的技能对于练习者的身体素质都有着各种各样的要求。鉴于这个原因，没有哪个体育教师能够精通全部的体育项目，因此体育教师的培养才要求一专多能，体育课程的设计者也很难寻找到最合理的运动组合运用到体育教学内容当中，也几乎不可能编写出适合所有地区和教学条件的教材。

（二）体育教学内容选择的原则

选择科学合理的体育教学内容，不仅要有一定的依据，还要遵循一定的原则。具体来说，选择体育教学内容应遵循的原则主要有以下几个方面。

1. 科学性原则

进行教学内容的选择时，首先要遵循的原则就是科学性原则。具体来说，可以从以下几个方面来对体育教学内容选择的科学性进行深入的理解。

（1）教学内容的选择必须对学生身心的共同发展有利。需要注意，一些内容虽然有利于学生身体健康，但对于学生的心理健康并无益处；反之，同样不是科学的内容。因此，教学内容的选择必须在使学生开心的同时，对其身体的发展起到积极的促进作用。

（2）教学内容也要使学生能够从根本上对科学锻炼的原理和方法有深入的了解。这种了解能够使学生从事体育锻炼的自觉性和积极性得到进一步提高。

（3）教学内容本身的科学性。今后，国家会放开对体育教学内容选

择的限制，不作具体的规定。这就要求学校必须避免一些科学性不够强的体育项目作为教学内容进入课堂。

2. 趣味性原则

兴趣是最好的老师。因此，在进行体育教学内容的选择时，应根据学生的各方面特征尽量选择他们感兴趣的，并且在社会上比较流行的体育素材作为教学内容。毫无疑问，大多数竞技运动项目的健身价值和教育价值是不可低估的。

3. 教育性原则

在选择体育教学内容时，首先应从教育的基本观点对体育教学素材进行选择，对它是否与教育的原则相符、与社会的固有价值观是否同步进行分析。同时，要对它是否有利于学生的身心发展进行明确的分析。

在选择体育课程内容时，要求必须与体育课程的主要目标相匹配，确立"健康第一"的指导思想，并以此作为体育教学内容中最基本的出发点，同时看重其中的文化内涵，使学生在学习体育技能的同时更能深刻体会到体育文化修养带来的益处。学校体育在培养学生时应首先考虑体育课程内容对学生的品德、智力、体质等方面的全面发展是否有利，将理论与实际结合起来，使学生在了解人体科学知识的同时真正锻炼身体，还要从思想文化等方面下功夫，使学生在身体素质和思想两方面同时得到发展。体育教学内容的选择对于不同学段学生的发展特点和规律都要充分考虑，其个体差异与不同需求将会在其中起到很大的作用，所以要能够确保每一位学生受益。学校进行体育教学内容的选择时，还要与各个方面的实际情况相符，从而确保选择时有足够的空间和灵活性。

4. 实用性原则

简单来说，所谓实用性，就是判断某项体育教学素材是否实用，是

否简便易行，是否有助于学生的身心健康。所以在进行体育教学内容的选择时一定要选择与学生自身的体育学习兴趣和经验相接近的，以及大众喜欢的、社会上比较普及的项目，同时强调运动项目的健身娱乐效果，为学生终身体育的发展奠定良好的基础。

（三）体育教学内容选择的过程

选择体育教学内容，不仅要有一定的依据、遵循一定的原则，还要按照一定的程序进行。具体来说，可以将体育教学内容选择的过程大致分为以下几个步骤。

1. 对体育素材的价值进行分析评估

选择体育教学内容前，体育教师应当对当今社会给予足够的关注，要从社会的生产生活、科技教育等发展的实际出发，考虑社会的发展对人的影响与要求，并以此为基点对现有的体育素材进行分析与评价。要对所选内容能否促进学生的身体健康、能否督促学生主动进行体育锻炼、能否提高学生的思想品质进行充分的分析论证，选用合适的教材内容实施教学。

2. 对运动项目与练习进行充分的整合

在体育教学中，不同的体育运动项目和身体锻炼形式会对学生的身心产生不一样的作用和影响。因此，在选择体育教学内容时，要以本学校的体育教学目标为根本前提，在此基础上认真分析各个体育运动项目对学生身体功能的不同方面发展是如何促进的，然后将各个体育运动项目与身体练习进行整理与合并，并进行合理加工，使之成为体育教学内容。

3. 选择的体育运动项目要有效

学校体育教学内容的选择是体育教师的一个重要任务。由于大多数

体育运动项目都可以成为学校体育教学内容的基本素材，因此，体育教师具有很大的选择空间。但是，由于体育教学时间有限，不可能完成全部体育运动项目和身体练习的教学，所以，体育教师必须以社会的需求与条件为依据，充分考虑不同阶段学生的身心特点与兴趣爱好，选出典型、常见的体育运动项目和身体练习作为学校体育教学的内容。

首先，体育教师要考虑社会的需求与条件。随着社会的不断发展，人们对于体育的需求也在不断变化。因此，体育教师需要关注社会的需求，选择那些能够满足学生和社会需求的体育运动项目和身体练习作为教学内容。同时，他们还需要考虑学校的条件，包括场地、设施、师资等，以确保所选择的体育运动项目和身体练习能够顺利地开展。

其次，体育教师要考虑不同阶段学生的身心特点与兴趣爱好。学生是体育教学的对象，他们的身心特点和兴趣爱好对于教学内容的选择具有重要的影响。因此，体育教师需要充分了解学生的情况，根据他们的身心特点和兴趣爱好来选择合适的教学内容。例如，对于低年级的学生，可以选择一些简单、有趣的体育运动项目和身体练习，如跳绳、踢毽子等；而对于高年级的学生，则可以选择一些更具挑战性的体育运动项目和身体练习，如篮球、足球等。

最后，体育教师要选出典型、常见的体育运动项目和身体练习作为学校体育教学的内容。这些体育运动项目和身体练习应该具有代表性和普遍性，能够满足大多数学生的学习需求。同时，它们还应该具有一定的实用性和可操作性，能够帮助学生掌握一定的运动技能和知识，提高他们的身体素质和健康水平。

4. 对所选内容进行可行性分析

选好体育教学内容后，要对该体育教学内容的可行性进行分析。分析本地区地域、气候和本校的场地、器材等条件的制约与影响，充分考虑教学计划在这些特殊环境中的可行性，并保证各地、各校执行的弹性，

为教师实施体育教学内容留下足够的余地。

第三节　体育教材化

一、体育教材化的概念

体育教材化是依据体育教学目的和学生发展的需要，针对教学条件将体育的素材加工成体育教学内容的过程。具体可以从以下几个方面入手，对体育教材化的概念进行进一步理解和认识。

（1）体育教材化是将体育的素材加工成体育教学内容的过程。

（2）体育教学的目标和学生发展需要是这个过程的主要依据，体育教学条件也是重要依据之一。

（3）教材化的过程主要涉及教学内容的选择、加工、编排和媒介化等方面。

二、体育教材化的意义

体育教材化具有非常重要的意义和作用，它能够有效地提高体育教学的质量和效果。

首先，体育教材化能够将最符合体育教学目标和学生发展需要的那一部分内容选出来作为教学内容。体育教学涉及的内容非常庞杂，如果没有进行教材化处理，很容易造成选择的无目的性，导致教学效果不佳。通过体育教材化，可以根据教学目标和学生需求，从海量的体育素材中挑选出最符合条件的内容，从而避免盲目性和随意性，提高教学质量。

其次，在体育教学中，有些素材可能并不完全符合教学需要，需要

进行一定的加工和处理。体育教材化能够通过加工，使体育教学素材与体育教学的需要更加相符，使之更加符合教学需要，从而消除体育素材与体育教学内容之间的差异性。

最后，编排是体育教材化的重要环节，能够将选出的体育教学内容进行合理的调整，使之更具系统性和整体性，这样能够更好地发挥体育教学内容的教育作用，加深学生对体育的认识和理解，提高他们的身体素质和健康水平。

三、体育教材化的基本层次

（一）编制体育课程标准和编写教科书

通常情况下，国家和地方教育行政部门组织专家会负责这个层次的工作。具体来说，这个层次的工作主要包括从各种身体活动的练习中筛选出素材，进行教材的分类、加工、排列等。

（二）以课程标准和教科书为依据将教材变成学生的"学习内容"

学校的体育教研组或体育教师通常会负责这个层次的工作。具体来说，这个层次的工作主要包括以体育课程标准和教科书的要求和规定为主要依据，灵活结合学生的具体情况和实际教学条件，把针对一般学生和教学条件的教材转化为适合本校学生和本校场地设施条件的教材。

四、体育教材化的工作内容

选择出来的体育教学内容的素材，必须经过一定的加工和改造，才能够进入体育教学实践中加以应用。

在当前的教学实践中，许多体育教材化的有效方法和成功的范例取得了一定的成效，这里重点对比较具有代表性的几种教材化的方法进行分析和阐述。

1. 简化的教材化方法

简化的教材化方法是指，将各种高水平、正规的竞技运动项目在各方面（包括竞赛的规则、技术、器材和场地等）进行简化，从而更好地适应体育教学活动的开展。这种方法是现代体育教学中对教学内容进行教材化最为常用的一种方法。通过采用这种方法，能够使教学内容与学校的条件、学生的能力与需求、教学的目标以及教师的教学能力等各方面相适应，更容易进行教学操作。

2. 文化化的教材化方法

这种教材化方法是在教学中让学生通过各种文化性的要素体验运动文化的情调，这种方法适宜作为技能的辅助教学方法，对于学生体验和理解体育化性质是较为有利的。这种教材化方法对高中和大学的学生是较为适用的。

3. 理性化的教材化方法

理性化的教材化方法是主要通过对各种运动项目所包含的各种运动原理和知识等方面进行充分的挖掘，并将之组织安排在教学过程中的一种教材化方法。这种教材化的方法适用于高年级的学生，能够使他们更好地理解和掌握各种知识和原理，并能够在以后的学习中实现"举一反三"。

4. 生活化、实用化的教材化方法

实用化、生活化的教材化方法是多种小的教学方法的结合，包括野

外化、冒险运动化等方法。所谓实用化，就是使教学内容与实用技能相结合；而生活化则是使教学内容与日常生活相结合；野外化则是将正规的场地变为野外的非正规场地，或将各种场地运动转变为各种野外运动；冒险运动化就是增加一定的惊险性，激发学生的学习兴趣。这些方法能够与现实生活及各种需求相结合，并使教学内容的趣味性增加，从而能够更好地调动学生学习的积极性。

第四节　高校体育教学内容的发展与改革

一、高校体育教学内容的发展

（一）高校体育教学内容的发展现状

从当前的形势来看，我国高校体育教学内容的发展现状主要从以下几个方面得到体现。

第一，从当前的形势来看，体育教学内容的项目数量正在不断精简，而难度在不断增加，体育运动的技术含量越来越高，这就要求有专门从事训练的高素质的体育教师来传授。

第二，体育教学内容中的娱乐因素逐渐减少，相较于此，学生在体育课上的实际练习量有一定程度的增加。

第三，竞技体育的发展速度非常快，竞技体育事业成为各个国家和地区发展体育的重点，相比之下，正规化的、科学化的竞技体育运动，尤其是学校竞技体育运动正逐渐取代以往传统的体育教学内容，成为新型的体育教学内容。

第四，体育教学内容所需要的运动器材越发正规。由此可以看出，

高校对学生开展体育课的安全问题的重视程度越来越高。

（二）高校体育教学内容的发展趋势

高校体育教学内容的发展趋势可以大致归纳为以下几个方面。

1. 对终身体育目标的要求进行充分考量

高校学生终身体育观念的建立和形成，高校体育在其中起着至关重要的作用。终身体育目标的达成取决于学生参加体育所需的技能、知识和态度。所以教学内容应当更加注重健身性、运动文化传递性与娱乐性，在健身价值和终身运动性强的运动项目之间作出选择。

2. 更加注重体育运动的规律性

以往在选择体育教学内容时总是根据各个体育项目中的逻辑关系进行选择，但事实上体育教学内容几乎是不存在逻辑性的，所以这种方法是不科学、不合理的。因此，在未来选择体育教学内容时，要注重寻找体育学科中的一些内在规律，体育课程中的内容往往都是学生喜欢的、富有时代性的，并且根据年龄和学段的不同，在教学内容上加以区分的体育项目。

3. 学生价值主体受到的重视程度越来越高

受各方面因素的制约和影响，体育教学内容的选择并不是一蹴而就的，需要综合各个方面的因素进行考虑。在过去的体育教学大纲中，体育教学内容的选择与确定往往更重视教育工作者对于教学内容的价值取向，因此重视的仅仅是教师的教。而随着体育教学改革的进行，越来越多人开始重视学生对体育教学内容的价值取向，所以根据学生的学而进行体育教学内容的选择的方式更加科学。

4. 更加注重教学主体发展的全面性

在传统体育教学理念和模式下，以往的体育课程大都是以提高学生跑、跳、投等身体素质为目的的一种体能达标课。新的教学改革大纲出台之后，学校教育往往更加强调素质教育，学校对于学生素质的全面发展肩负着无比重大的责任。因此在选择与确定体育教学内容时，同样要符合素质教育的要求，使学生在身心方面都能获得全面的发展。

5. 不断引进民族特色项目

通常情况下，富有趣味性和新奇性的运动项目总会受到广大学生的青睐，因此在选择与确定体育教学内容时也要注重推陈出新，改革与发展一些新颖的运动项目。除此之外，我国多民族的特性决定了各个民族都有富有民族特色的体育项目，这些项目各具特色，又有良好的健身价值，在体育教学内容的选定中应适当根据具体情况加以选用。

二、高校体育教学内容改革的思路

针对当前高校体育教学内容的发展情况和改革中出现的问题，为了更好地促进高校体育教学内容的完善，需要对此进行进一步的改革，其中可采纳的基本思路主要有以下几个方面。

（一）遵循以人为本的思想，满足体育教学主体的需求

首先要将指导思想确定下来，然后再对教学目标及目标的内涵进行准确的定位。同时，要与高校教学的实际情况有机结合起来，以学生的主体需要为出发点，有针对性地对体育教学内容进行选择。当前，高校体育主体的需要已经发生了较大的变化，因此，体育教学的内容也应该适应这种变化，有针对性地增加健美、舞蹈、韵律体操、轮滑等一些趣

味性强的项目。这样不仅能够使教学内容得到进一步丰富，还能够更好地调动学生参与学习的积极性，满足学生的需求。

（二）要重视隐性体育教学内容

作为体育教学内容的一个重要组成部分，隐性体育教学内容也包含着很多具体的方面，其中较为主要的有道德修养、体育精神、思想作风等无形的内容。对学生的纪律观念、集体观念、社会道德水平和意志品质进行积极有效的培养能够对学生产生潜移默化的影响，这对于学生体育文化素养和体育道德水平的提高有着积极的促进作用。同时，这对于学生更好地适应激烈社会竞争也有所助益。

（三）增加健康教育的内容

教学内容要充分的健康化，要充分提取、利用教材中的健康教育因素，实现体育与健康教育的结合。在选择教材内容时，为了能够有效完成增强学生体质的重要任务，高校需要在体育教学内容中增加有关健康教育的内容。

（四）体育教学内容媒介化工作

将体育教学内容媒介化是体育教材化的最后一项工作。将选出、编辑、加工和改造后的体育教学内容变成承载在某种媒体上的教材形式，就是所谓的体育教学内容的媒介化。

体育教学内容媒介化工作的形式有很多种，其中较为主要的有教科书（包括学生用体育教材和体育教学指导用书）音像教材、挂图、多媒体课件、黑板板书、学习卡片等。这里重点对多媒体课件和学习卡片进行分析和阐述。

1. 多媒体课件

教师以体育教学的需要为主要依据，用体育教学内容编辑成的计算

机演示的系列材料，就是所谓的多媒体课件。当前，多媒体课件是体育教师常用的工具，计算机课件依靠计算机来演示动作，在速度调整、观看细节、多次重复演放以及视觉听觉的艺术效果等方面都具有教师的讲解、示范所无法达到的教学效果。

2. 体育学习卡片

（1）在体育教学中向学生提供学习信息

以教学的内容为主要依据，教师要将动作的图示、有关的要领、技术的重点、难点和辅助练习的做法等一些必要的信息补充给学生。通过这些辅助材料，为学生准确地掌握动作的形象、概念和技术特点提供一定的帮助。除此之外，通过对一些技术难点的标示，还能够让学生在某些重要的技术环节的注意力得到有效的提升。

（2）在体育教学中对学生思索问题起到积极的促进作用

可以把合力、力矩、向心力、离心力、抛物线等一些概念性的问题通过公式、范例等形式展示给学生。通常来说，这些问题在体育教科书上是没有的，如果采用语言教学法，往往会出现词不达意的现象，这时候运用体育学习卡片就能够方便学生理解。

（3）在体育教学中对学生的互相交流有所帮助

在体育教学中，教师会要求学生在学习卡片上将自己在学习中的问题和进步以及对本班或本小组同学的情况分析写在卡片上的表格中，这样不仅能够对同学技术动作观察能力的提高起到积极的促进作用，还有助于同学之间的情感交流，对于学生的团队意识和负责任的态度的培养与建立较为有利。

（4）对学生自我评价有所帮助

在体育教学过程中，教师会要求学生将当时的学习感受、体会写在卡片上，这样使学生在课后也能通过卡片对自己课上学习情况进行总结，并且作出较为客观的评价，将上节课和下节课有机地联系起来，增强单

元教学过程的完整性。

（5）有助于师生进行交流

对教师上课情况的看法和建议以及存在的问题、疑问、发现，也写在学习卡片上，这样做能够使教师对教学情况有一个充分的了解。以此为依据，教师可以适当调整教学形式或者方法，从而使教学效果得到有效的提高。同时，师生之间的感情也会得到进一步增进。

（6）对学生在课上进行自学有所助益

自学是体育学习的重要环节，学习卡片还可以作为学生自学的重要工具，使教科书的不足之处得到有效的弥补。

第四章　高校体育教学管理的改革实践

本书第四章为高校体育教学管理的改革实践，依次介绍了高校体育教学管理改革的发展思路、高校体育教学管理改革的基本问题、高校体育教学管理模式构建的实践三个方面的内容。

第一节　高校体育教学管理改革的发展思路

一、以"终身教育"为导向的个体发展

1978 年在联合国教科文组织通过的"体育运动国际宪章"中指出："确信有效地行使人权的基本条件是每个人能自由发展和保持自己的身体、心智与道德的力量；因此，任何人参加体育运动的机会均应得到保证和保障；必须有一项全球性的、民主化的终身教育制度来保证体育活动与运动实践得以贯彻于每个人的一生。"①

过去，不少人把体育运动理解为运动场上选手间的比赛，也有人把它理解为学校里的各种体育实践，总是把重点放在社会上某一年龄段的

---

①孙洪涛. 生命教育 学生体质健康促进的源点［M］. 长沙：湖南师范大学出版社，2022.

某一部分人身上。现在的观点就不同了，从事体育、从体育中获得收益的应是社会上所有的人，应是从胚胎形成直至死亡的整个人生的全部过程。这个观念也是宪章中特别强调的观念。

高校学生进入了学校教育的最后一站，他们即将走向社会，在最后阶段的学校生活中，确立终身体育的理念，养成终身体育的习惯，将是他们今后个体发展的保证。

（一）生活教育及发展方向

中国的伟大教育家陶行知提出了生活教育，在体育教育尤其是在高校体育课程中如何体现这种生活教育，值得我们深入关注。高校体育课程中的生活教育也可以说是生活体育，它包含两层含义：一是让体育更加贴近生活，适应现代生活的需求，为现代生活服务；二是以现代生活为依据，特别是面对现代生活中的生态危机和生存危机，寻找和创造新型的体育活动内容，为解决这些问题提供新的教育方式。从教育贴近生活、为现代生活服务的角度来看，高校体育课程的内容应该涵盖生活和时尚两个方面。所谓贴近生活的项目，是指在日常生活中容易开展的体育活动，例如羽毛球、乒乓球、健美操、太极拳、行走和跑步等。这些活动不需要特定的场地，学生们可以在工作单位或者家中进行锻炼。同时，高校体育课程中也应该包含一些具有鲜明时尚和生活气息的体育运动项目，例如篮球、排球和网球等。这些运动具有平民化的特点，是社会生活中的主流文化，受到高校学生的喜爱。这些时尚的体育项目不仅影响着人们的生活方式，还影响着人们的生活质量。随着中西方文化的融合和国际一体化进程的加快，体育作为生活的时尚正在逐渐影响国人的生活观念，在转变人们的生活方式、提高生活质量和增强健康意识等方面发挥积极作用。因此，在高校体育课程中引入生活教育的理念，不仅可以帮助学生更好地理解体育的意义和价值，还可以帮助他们更好地适应现代生活。

（二）身体教育与发展动态

1979 年扬州会议提出了"学校体育以增强体质为主"，虽然对体育的心理发展与社会适应方面的功能强调不够，但纠正了当时单纯地关注基本知识、基本技术与技能，忽略身体发展的状况，从实践的观点来看，扬州会议在我国学校体育史上是值得一举的。

增强体质的价值导向不应忽视，体育的身体教育功能应当引起足够的关注，但是，在有关身体教育的理论问题上，当前却有一定的变化与发展，例如在对身体素质的分类方面，提出了和运动技能与比赛取胜相关的身体素质和与健康相关的身体素质，其内涵是不同的，认为跑得快、跳得高所反映的速度、爆发力等，不属于和健康相关的身体素质的范围，而有氧耐力、力量、柔韧和身体成分所组成的素质与健康更为相关。

（三）情感教育与发展动态

情感，它是我们内心深处的一种独特体验，是我们对于外部世界和特定对象的个人评价的反映。从喜欢到厌恶，从热爱到淡漠，从愉快到不满，这些都是情感的多样性和复杂性的体现。我们每个人都有自己独特的情感体验和表达方式，而这就是情感的魅力所在。

在我们的生活中，有一种特殊的情感体验，它与参与体育运动紧密相连。对于一些人来说，参与体育运动可以带给他们无比的快乐和满足感，甚至使他们对参与体育运动达到迷恋的程度。他们享受着运动带来的挑战和成就，体验着在运动中与他人建立的深厚友谊和合作。而对于另一些人来说，他们可能对体育活动缺乏热情，没有感受到运动带来的乐趣和满足感。这种差异化的情感反应，其实也是个体差异性和独特性的体现。情感的发展并不是一蹴而就的，它依赖于良好的学习环境和健康的人际关系。在一个充满爱与关怀的环境中成长，我们更容易培养出积极、健康的情感；而在一个冷漠、压力重重的环境中成长，我们则更

容易体验到消极、不健康的情感。此外，人的情感也在不断地体验和学习中得到升华。我们需要学会面对和处理各种情感，才能更好地理解自己、理解他人、理解世界。

体育在人的情感发展方面扮演着非常重要的角色。与其他学术性学科相比，体育学科的一个显著特征就是它能够促进情感方面的发展。在体育教学中，学生不仅需要学习运动技能和理论知识，还需要培养团队合作精神、自信心、自律性等非智力因素。这些非智力因素的发展与情感教育是紧密相连的。通过体育活动，我们可以更好地理解自己和他人的情感，培养出更加健康、积极、稳定的情感。体育过程具有广泛的社会性，它不仅涉及学校内的师生、同学之间的互动，还涉及家庭、社区、社会等更广泛范围内的人际关系。在体育活动中，我们不仅可以接触到各种各样的人物，包括家长、教师、同学等，还可以通过体育实践活动的影响，了解到社会规范、道德准则、团队合作等方面的社会文化信息。这些对于我们的情感发展和社交技能的培养都是非常重要的。体育运动包含着人们所具有的所有情感过程。无论是追求竞技的紧张与刺激，还是享受运动带来的轻松与愉悦，体育运动都能带给我们丰富的情感体验，这也是为什么体育活动成为人们社会生活中休闲娱乐和放松身心的重要手段之一。在课程设置方面，提倡快乐体育已经成为一种重要的价值取向。通过开展娱乐性体育项目，学生可以在轻松愉快的氛围中参与体育活动，感受运动带来的乐趣和满足感。这种寓教于乐的方式不仅可以提高学生的运动技能水平和身体素质，还可以培养他们的非智力因素和情感品质。

（四）竞技教育与发展动向

竞技运动是高校体育的重要组成部分，全球性的比赛规则促进了其全球性的交流与普及。在 20 世纪初，我国学校体育以兵式体操、徒手体操和器械体操为主，直到 1923 年才将"体操科"改为"体育科"。然而，

竞技体育项目在 20 世纪 30 年代后期才真正逐步进入学校，这标志着现代体育走进学校、走进课堂，极大地提高了高校学生的兴趣，对学校体育的发展起到了决定性的推动作用。

20 世纪 60 年代以来，国际竞技运动得到了巨大发展，竞技运动向高强度的负荷、高难度的技术和高精度的方向发展。然而，这使竞技体育运动在向职业化发展的过程中，越来越与其初期的娱乐、健身目标相抵触。高水平的竞技运动与人的一般发展的体育运动相抵触的趋势至今仍然存在。在 20 世纪 80 年代初，我国的一部分体育专家指出，竞技与学校体育并不等同，并提出竞技不是体育的观点，主张将竞技运动排除出体育教育的范畴。然而，我们需要认识到竞技运动具有若干层次结构。高水平的竞技运动可能并不适合一般学校学生的需要，但适合一部分有竞技天赋的学生。因此，竞技运动仍然是学校体育中的重要内容。特别是在高校体育中，竞技体育更是不容忽视。

（五）保健教育与发展动态

体育工作和卫生保健的密切结合，一直以来都是我国体育事业发展的重要经验。在高校体育课程中，以"健康第一"理念作为指导思想是毋庸置疑的。然而，"健康第一"指导下的体育课，难以与"体育与健康课"进行简单的整合。这是因为健康教育的内容非常广泛，通过每周两课时的体育课是无法完整地实施的。此外，体育课以身体练习为主要特征，而健康课程以掌握理论知识为主，两者难以融合在一起成为一门课程。高校的体育课程可以融合健康教育的内容，但仅限于安全、健康地从事体育运动这一部分。此外，还可以将运动处方的原理和方法应用于体育课的实践之中。安全、健康地从事体育运动是高校体育课程中非常重要的一个方面。在进行体育活动时，学生们需要了解如何避免运动伤害、如何进行正确的热身和拉伸、如何在运动后进行适当的放松等。这些内容与健康教育中的安全教育、健康生活习惯等都是息息相关的。在

体育课程中融入这些健康教育的内容，学生们可以更加科学地进行体育锻炼，在提高身体素质的同时，也能避免不必要的伤害。运动处方的原理和方法也可以应用于体育课的实践之中。运动处方是根据患者的身体状况、运动目的和风险因素等制定的一种个性化的运动方案。在高校体育课程中，可以根据学生的身体状况、运动能力和兴趣等制定相应的运动方案，以达到最佳的锻炼效果。这不仅可以提高学生们对体育课程的兴趣和参与度，还可以更好地促进他们的身体健康发展。

二、以"同步推进"为导向的总体发展思路

（一）体育课程改革与高校总体改革相同步

体育课程改革需要与高校总体改革同步进行，这是经过历史验证的。说到同步，有两种情况。第一种是高校总体改革为体育课程改革创造了条件，并要求体育课程必须进行改革；第二种是将体育课程作为引领，促进高校全面改革。

北京高校是典型的总体改革为体育课程改革创造了条件的例子。北京高校总体改革实施了开放自主的课程管理新模式，全校各门课程都实行网上选课、学生自主构建的开放式教学。在这样的条件下，体育课程也必须进行改革。目前，北京高校开设了四十余种体育课程，组办了23个体育协会，体育课程完全体现了自主开放的特点。

（二）课程改革与体育社会化相同步

高校体育课程改革能够助力推动体育社会化进程，这一进程可以通过教师校际兼课、学生校际选课等方式实现，同时高校体育设施向社会开放，社会体育设施向高校开放，这与当前社会体育区域化构建及社区体育发展的趋势完全契合。此外，这一进程也可以表现在基础教育与高

校体育发展的贯通上，这与高水平运动队完成小学、中学、高校"一条龙"训练的发展动态相适应。需要特别指出的是，当高校体育网络与社会体育网络进一步贯通后，信息渠道将更为畅通，体育社会化的步伐也将进一步加快。

（三）体育课程改革与产业开发相同步

首都经济贸易大学长城旅游学校将体育课程改革与产业开发紧密结合，以推进学校改革。该校位于北京北郊，毗邻长城，本身就是一个旅游景点。学校将体育课程改革与拓展运动基地的开发同步进行，同时建立学生实习基地。当景点和基地开发完成后，对内的教育事业和对外的旅游产业可以同时推进，对内的无偿服务和对外的有偿服务也可以同时进行。这种体育课程改革与产业开发的同步推进是一个良好的设想，有助于增强体育的社会功能，为体育课程改革促进教育总体发展提供新的思路。促进体育事业的总体改革，高校体育在管理体制改革中扮演着更为重要的角色。

第二节　高校体育教学管理改革的基本问题

一、社会对人才的需求与高校体育的历史责任

（一）社会对人才的需求

随着社会的进步，社会对人们的需求也在不断地演变。目前所称的文盲，是以是否认识字为准则去判别的，但很快此准则就会有所改变。例如，在判断一个人是否是文盲时，人们会考虑他们是否对电脑有应用

的能力以及使用的熟悉、准确度。部分人觉得，在农业经济时期，武力转移占关键地位；在工业经济时期，物质转移占主导地位；而在知识经济时期，信息转移占关键地位，这表明社会对人们的素养要求在不断地提高。

现代社会对人才的要求可以归纳为健壮的体魄、高超的智能、良好的心理素质、良好的职业道德和协作精神。

1. 健壮的体魄

应该表现为身体素质棒、成长发育健康、运动能力强以及具有多种技能。

2. 高超的智能

信息技术快速发展，当今社会要求人们具备更高级的智力，不仅仅需要熟练掌握理论知识及专业技能，还需要具备学习、创作、动手等技能。未来的完善方向追求分化和整合两部分，一方面，专业越来越具体细致；另一方面，加强协作的能力已成为必要之举，在当今快速涌现大量知识的时代，若无法掌握学习方法，知识会很难得到更新拓展，从而可能使人走上落后的道路。创新力是一种综合发展的能力，它要求人基本认知充分、思考力敏捷等。即使每天都有苹果砸在牛顿头上，如果不熟悉地掌握天文学知识，他也不可能发现万有引力。尽管有许多人精通天体物理学，但只有牛顿是通过苹果从树上落下的启示而得出了万有引力。所以，机会更倾向于那些具备丰富的认知及时刻有充足准备的人。

3. 良好的心理素质

当今社会的迅猛进步，使人们相互之间的沟通需要更加紧密的联系，因此人们需要具备健康的心理状态来适应这种变化。在农业经济时期，人们在太阳出来的时候开始工作，在太阳落下的时候结束工作，在这个

阶段，人们之间的距离很近，但人们之间的交往却不是很频繁。当今科学技术的进步使人们之间的联系越来越密切，人们需要具备体力强盛、精神充足、进取心强、情绪稳定等素质，同时还需要具备探索精神、坚持真实、认真投入等品质，拥有坚韧不拔的意志，能够承受现实的考验。法拉第在坚持长达大约十年的努力后，最终发现了"电磁感应"现象，但在这过程中，他也遭遇了无数次的失败。

4. 高尚的道德情操

崇高的道德品质具有广泛的内在涵义。成为社会人后，基本的人生状态、职业感以及团结力是最基础且是全球广泛认同的品质。在人生的道路上，职业感和协作力是最关键的思想品质，不可或缺。

就情商和智商之间的联系，人们具有不同的观点。随着人们认知素质的提高，有人声称情商是事业好坏的关键点。虽然在此我们不探讨谁更优秀，但是能够确定情商对一个人的职业发展有着重要作用。在现代社会中，对自己事业尽职，和朋友融洽相处成了不可缺少的素质。

（二）高校体育的历史责任

1. 针对情感危机，而应加强人与人之间交流

时代的车轮滚滚向前，社会的发展风急浪高。放眼世界，知识经济时代悄然而至，在社会的生产生活中个体的独立性已经开始显现。从生活空间的角度进行探究，城市化进程的发展、城市人口急剧增加、县改市的做法加快了全国城市化的进程，那种朝见晚见的大屋和四合院式的居住环境被高楼大厦取代。下班回家，"躲进小楼成一统""不知楼上住何家"是新出现的现象，生活节奏越来越快，人们之间的交流越来越少，彼此之间联系途径也在变少。经济的多元快速进步，人们流动的次数在不断地增加，而集体活动的次数在不断地减少。生活节奏加快、工作压

力加重、生活环境改变，使人们千方百计寻找缓解情感危机的途径，增加情感交流的渠道。

面对时代的发展，我们的教育应该怎么办？一方面，面对知识经济时代的来临，我们的教育发展问题必须以创新教育来应答。科技是第一生产力，人必须知识化，知识化的核心是创新意识和创新能力。另一方面，社会的发展归根到底是为人的发展，广厦千间是为人能安居，良田万顷是为人能饱腹，丝绸多彩是为人能遮体。在达到最基本的生理要求之后，人类开始追求更高层面上的精神、文化和社会需求，随着该变化的发生，人们对自身身体发育的认识和需求也不断提升。学校在社会上也在持续地受到关注，极大地促进了学校体育的发展。

高校体育不仅包括在教室里的教授、学习，还有各种室外活动。因强调实际和技巧，所以必须在团队的协调下才可以开展。参与其中，不仅能享受到运动带来的喜悦，还促进了情感的联系。而在开展体育活动的时候，团队合作则显得尤为重要，在运动比赛的时候，选手通常需扮演某个体育角色，且遵循准则来完成活动。这本质上反映了社会活动的规律。就社会学方面而言，体育具有独特之处，因为在体育领域，年龄和地位并不是决定成功的因素，有非常强烈的平等性。不少学者在分析黑人的运动天赋时，也从人类学和社会学角度阐述并得到广泛认可。体育是人与人之间进行情感交流最平等、彻底的形式，在知识经济时代，它的作用将越来越受到人们的青睐。

2. EQ 的兴起与协作精神

近年来，情商（EQ）之说受到大众的欢迎。相对于智商（IQ）而提出的情商，是长期以来在人们认为事业成败系于智商，智商高则事业成功率高的基础上产生的。更多人又把智商与学历划上等号，比如在不少社会调查材料中反映的不同学历层次的收入统计中，发现学习年限越长，个人收入越高。但是，人们在社会中看到，从普遍意义上讲，IQ 越高，

成功率就会提升，但并不是所有成功的人都是最聪明的人，因为成功与智商只在一定程度上有关，其发展还受到了多个方面的影响，包括机会、工作状态以及协调力等。

持有与"智商决定一切"相反观点的，是一批学者（主要是心理学家们），他们提出情商的命题，在情商与智商的关系方面，他们认为起决定作用的是情商而不是智商。有人甚至认为成就的方程式是：$20\%IQ + 80\%EQ = 100\%$ 的成功。我们姑且不去探讨谁是谁非，可以肯定的是，理性素质和非理性素质，智力因素和非智力因素，都会对事业的发展产生影响，不过前者（理性和智力）起基础性、关键性的作用，"艺高人胆大"表明了这种关系。但情商的提出使一个人的成长的内涵更加丰满，内容更为丰富。人无尖牙利爪，力不如牛，跑不及马，能够成为主宰世界的万物之灵，是因为"有智""能群"。即使是天才，也不是生长在深山老林里的怪物，他必然成长于使人成长和施展才华的环境。时势造英雄也好，英雄造时势也好，脱离现实环境将一事无成。而这个环境，主要是社会环境，这就产生了如何处理好人与人的关系问题。

一个人在最关键的 10 多年里，从上学到步入社会，经历了整个学生时代，这个过程中塑造了他/她的观念，社会和学校一起致力于培育学生的优秀品质，这正是孟母三迁和当代家长因孩子上哪所学校而忙碌的因素。学校体育是一项充分体现教育性质的活动，注重培养团队合作精神、遵守准则和平等意识。这一特点促进了学校体育对"四有"人才的培育。

3. 摆脱纯生物的观点

体育的本质功能在于增进人的健康，完善人的发展，自从体育产生，发展到自然体育、传习式体育、现代体育，大家对体育的本质功能有了共识，体育概念内涵的泛化导致体育目的的异化，也没有人否认体育的

健身功能。但是，长期以来，我们把健身功能物化为形体特征，把教育的重要组成部分降为"小三门"，这些都源于对体育本质功能的错误认知。

"体育"一词，始于法国教育家、思想家卢梭，他在 1562 年出版的教育名著《爱弥尔》一书中，用体育这个词论述了对主人公爱弥尔的身体教育过程。卢梭的教育思想是强调自然主义的，他的天性至善及其"归于自然"的理论，体现在教育上，便是使教育脱出社会文化的禁锢而使人性发展。这种自然体育顺应学生的天性，以他们的兴趣为中心，讲究运动教育。这次变革对欧洲中世纪时期的科学和所谓的"毁身禁欲"的残酷主义来说是一次重要的改变，它拉开了欧洲人文教育的序幕。在德国，自然主义体育一直处在改善和进步的状态中。在 20 世纪时，古兹姆茨、杨和施皮斯三人是自然体育的典型人物，被誉为德国的"体育之父"。施皮斯对学校体育的影响非常大，因此他被誉为"学校体育的奠基人"，施皮斯的理论主要强调通过"运动铸型教育"来实现，关键点是将身体运动的基本因素进行分解和整合，以此使之变得更加规范化及标准化。他还将部分缺乏条理的动作进行了整理，根据身体的形态、状况来划分动作，分为了支撑、悬挂、躺卧三种。对动作规定十分细致精确，如走步规定一步长为三足长，步行速度标准为 80 步/分钟。对其他动作的速度、速率、路线等都进行明显的划分，这就是所说的施皮斯体育"要素化"理论。施皮斯搞运动铸型的出发点，主要是为铸造人的身体，这是十分明确的。他十分注重身体的姿态和形态，重视身体运动的表现行为，他为近代学校体育作出了杰出的贡献。然而，他利用身体动作塑造了人体，却陷入了纯粹的生物理念泥潭中，事实上这是以运动教育为核心的体育观念。毛泽东在著名的《体育之研究》论文中提出，体育之所以有用，是因为它可以增强肌肉骨骼的力量、扩展知识领域、调整情感状态以及增强意志力。并指出"动以营生也，此浅言之也；动以卫国也，此

大言之也。皆非本义。动也者，盖养乎吾生乐乎吾心而已"。这里不难看出，体育能够完善人体，使人们身心得以协调发展。这种对体育功效的论述，对于纯生物观点的批判是入木三分的。

4. 方法贵少，受益终身

当今学校体育普遍存在的一个现象是大部分学生出校后无法继续保持与学校体育课程内容的一致性。学习的许多运动技巧和战术在个人的运动中只进行短暂的应用，当前，人们正在积极探究终身的体育教育，这反映了对以往学校体育观念和方法技法的深入思考，具有极其重要的价值。

学生学习体育十多年，但离校后很快就会放弃运动，这主要是因为学习的内容杂乱无章且缺乏实际效果，以及没考虑到培养学生对体育的兴趣。为此，必须将教学观念中的不可变性转变成可变性，并且不再只重视学生在学校的学习结果。毛泽东同志在80年前就对体育方法进行了说明。在《体育之研究》中，他提出了一种对体育方法的叙述："应诸方之用者其法宜多，锻一己之身者其法宜少。"这句话道理非常浅显，个人的兴趣、特长、爱好都有所不同，"一刀切"行不通也没好处，多种方法，任君选择，理所当然。但"锻一己之身其法宜少"，则"近之学者，多误此意"。为什么"锻一己之身其法宜少"呢，先是"巢林止于一枝，饮河止于满腹"。其次是"今之体操，诸法樊陈，更仆尽之，宁止数十百种""一法之效然，百法之效亦然，则余之九十九法可废也。目不两视而明，耳不两听而聪"。再次是"其宜多者不必善，务广而废，又何贵乎"，方法多，持之以恒，固然好，时间、条件均不许可，效益和效率都不高，还是"苟能实行，得一道半法已足"[①]。

---

① 毛泽东. 体育之研究 [M]. 北京：人民体育出版社，1979.

5. 培养兴趣，养成终身爱好

传统的学校体育，强调"教师、教材、课堂"三个中心，推行运动教育，沿袭运动铸型教育，体育教学程式化、成人化、训练化，新一轮高等学校体育教育改革，在教学理念上，促使学生在学校里的长效学习和阶段学习两方面共同进步；在方式本质上，重视实际性，依据运动的内涵进行教学，既要教授运动技巧，还要教授训练技巧，即做到"授之以道"，如此，达到终身体育的效果指日可待。

教育的相对被动性，忽视了学生学习兴趣的培养和锻炼习惯的养成。从行为科学角度来看，兴趣是人积极探究某种事物或进行某种活动的倾向。这种倾向带有强烈的目的性。人的行为都是有诱因的，任何行为都是有目的的。大家知道，人的兴趣是在社会实践中发生、发展起来的，这种后天形成的倾向是可以培养的。而兴趣有很多种。一方面，部分事物或行为自身具有吸引力，能够引起人们的兴趣；另一方面，有些人可能因目标等原因而间接产生兴趣。对于一些活动，人们可能会在过程中暂时感兴趣，但随着活动的完成，这种兴趣也会随之消失。此外，还有一些兴趣会变成人们的长期喜好，形成固定的兴趣方向。

通常而言，体育活动包含多种形式，能让人们在运动中感到愉快。这些活动通常能激发人们的兴趣，同时也能给人们带来健康的益处。然而，要形成稳固的心理特征仍比较困难。人们要想具有稳固的兴趣，只有对某项活动的环节、形式产生浓厚的兴趣，才能实现这一点，从整个角度来看，变被动体育为主动体育，变学校体育为终身体育，兴趣的培养是开启这把锁的金钥匙。

一个人对活动感兴趣了，可以更快速地激发自己的能动性，从而表现出积极的状态。创造性地、执着地去追求，这对习惯的形成是至关重要的。但实践过程却有千难万阻，习惯是排除困难的有力保障。习惯成

自然，只要将体育融入日常生活中，它就可以与我们共同成长，伴随我们一生。

二、高校体育思想的发展与未来方向

（一）体育观的历史选择

全球范围内体育运动的广泛普及，实际上是体育理念的转变。这种改变将对学校体育产生深远的影响，尤其是对体育运动的发展，将影响其各方面的理论与实践环节，影响其的未来走向。

1. 两种不同体育观的形成和发展

在现代体育运动的历史中，存在着两种不同的观点，即价值观和目的论价值观。

根据价值观，运动不仅仅是为了运动本身，更重要的是将运动作为一种工具，以达到除运动之外的社会目标。

按照目的论价值观，运动的价值是运动本身，即将运动视为目标，而不是作为达到某个目标的手段。这种价值观强调运动者自身是运动的主体，将其身体和心智的发展视为运动的关键目标。因此人应该在参与运动的时候实现个人的满足。

虽然价值观和目的论价值观都认同体育运动可以实现其直接和间接的目的，但它们的关键点不一样。

在学校体育的起源时期，体育观念是非常关键的一部分。在18世纪的西方，人们发明了"德国体操"和"捷克体操"这两种体育项目，以体育锻炼为手段，来培养符合特定时期社会和国家需要的人才。通过设计体育项目和方法来满足社会和国家的需求，这些学校体育课程以集体操练为主要形式，以体操为主要内容。体育观通常是根据制度要求来设

定体育的目的和方式，强调依据国家利益制定的社会目的，却忽视了运动员个人的需求。

欧洲大陆在 20 世纪采用体操作为学校体育的主要内容之时，英国人则提倡游戏和娱乐。英国人率先形成的体育观念和欧洲大陆有着明显的区别，虽然没能有系统理论和有计划地去实施他们的游戏和娱乐，但是这些体育内容却在民间和村落得到广泛的发展。事实证明，这些游戏和娱乐是极有生命力的，特别是当这些娱乐和游戏进一步发展成为竞技体育之时，就对整个世界的学校体育产生了巨大影响。

目的论体育观强调将运动本身及运动从事者的个人满足视为价值观念，并以此为目标，让人们自主选择参与运动，并实现身心的满足。20 世纪英国的户外运动正是能体现目的论价值观的重要项目。欧洲很多思想家极力推崇英国的户外运动与游戏，例如，法国思想家、教育家卢梭指出："游戏是一种置身其中的自由的、无目的、有乐趣的欢快的活动。"[1]但是，人类社会在 20 世纪发生了巨大的变化，由游戏进一步发展成的竞技体育已在全世界得到广泛的开展，并成了学校体育的重要内容。能否说以体操为主要内容就是体育，而以现代竞技运动项目作为主要内容就是目的论体育呢，或者说，由于社会的发展，当今体育观已经没有市场了呢？当然不是这样。直至今天，上述两种体育观念仍然存在。然而，随着社会条件不断变化，其形式和特征也发生了显著的变化。

2. 当代两种体育观的区别

体育观的变化与体育教育课程的理论变化息息相关，两者是相互协调的。现今，体育课程的理论发展已经从以学科为中心转向了人本主义的方向，这也导致了两种体育概念的本质性变化。

---

① 国家体委政策研究室. 体育论文选［M］. 北京：人民体育出版社，1986.

（1）价值取向的重点不同

人们在关注价值观时，可以将重点放在运动项目中，或是将注意力集中在掌握规定的统一技术要求上。只是掌握了特定的技术，并不一定能让学生实现自我满足。目前的状况是，学生对体育很感兴趣，但却不喜欢体育课。其中一个重要原因是体育课的内容单一、缺少活力，并且无法满足学生个性化发展的需求。这说明，我们对于体育的改进在价值观上发生了错误。目的论的核心价值观是关注学生的需求，促进其身心素质的全面提升。在这种价值观下，我们不仅要重视手段的作用，还要根据学生的需求重新构思和构建体育手段，以确保手段与目的相互统一，共同促进学生个体的完善。

（2）行为主体的地位不同

无论是运动项目还是体育大纲，都是用来物化体育行为者的客体，这是因为行为主体的地位在体育中具有不同的层次。将教学质量的提高仅仅归因于贯彻教学大纲和改进教学模式，忽略了教学主体的关键作用，这种观点是片面的。在教学过程中，教师应该灵活执行教学大纲，而学生也应该有自主选择教学内容的权利。所有的教学活动应该以满足学生需求和促进其全面素质的提高为中心，以此强调教师和学生的主体地位。换言之，不应将教师和学生放在大纲和教材的从属地位，而是要让他们成为教学活动的主体，这正是目的论体育观的核心意义。

（3）个体发展的内容不同

体育观可以分为两类：一类注重技巧的发展，另一类则注重合理的体育负荷。其学科基础都属于自然科学领域中的生物力学和牛顿力学。然而，它们都忽略了体育的人文部分并且没有足够地考虑学生情感和能力的进步。在体育课中，学生表现出来的愉悦情感以及自我学习技巧的提升与掌控技术和提高体能是完全不一样的领域，它们是通过多种机制形成的，手段论体育观却忽略了个人进步的核心内涵，所以，能够认为目的论体育观在关注学生个体发展这方面更完备。

（4）体育内容的结构不同

体育观强调体育内容自身的分类和体系，一般均是庞杂的体系，要求每一个学生均要学习，既不能反映学生个性发展的要求，也因为内容太多，无法使学生真正地消化，降低学习的效果。目的论体育观建立的体育内容分类体系是以学生学习需求来进行分类的，教师可以从内容体系中进行针对性的选择。例如，当前的西方各国，均提出若干种课程模式，供教师和学生从中选择。每一种模式中，包含了选学内容，适应了学生个体发展的要求。日本虽然有全国统一的教学大纲，但在教学内容的分类方面，实践科目的内容除体操以外，均规定为选择必修。所谓选择必修是在规定的范围内，允许教师或学生从中选择学习，这种必修、选择必修的分类体系充分考虑了满足学生的发展需求。

体育是一门涵盖广泛内容的学科，因其特质可分为多个领域。学生需要对这些领域进行全面学习，但难以精通每个领域。由于每个领域的学习时间有限，导致学生无法将每个领域都学好。关于体育教学内容要多一些还是少一些，这一直是一个备受争议的话题。总体而言，学校体育的内容应该增加，但对于学生来说，应该减少一些。这种教学内容的多和少是一种辩证的统一。采用灵活的教学大纲，为学生提供多种选择，以满足学生不同的需要，同时仍维持了一致的标准。教学内容的分类分为必修、选择必修、选修三种类型，旨在满足学生的需求，体现了目的论体育观在教育实践中的应用。

（5）课程实施的途径不同

在体育教育中，课程实施采用的方式与其他学科不同。体育观注重规范化的教学过程，制定适当的教学环节，目的是提高学生的实践水平和理论水准。体育观强调在理论、技巧的基础上，注重培养情感状态、信念、意志力等，全方位提升人的技能，要满足人才的全面发展需求，必须综合考虑情感、技能等方面，而仅仅依靠规范的教学是不足以达到目标的。所以，在目的论体育观的框架下，抵制机械式、模式化的教学

模式，提倡以兴趣为主旨的体育课程，在这个前提下，推广社会实验、自我进步等多种课程。此外，这些课程并不是规范的课程，通常以运动团队、部门等方式开展。然而，这种非规范课程在培养学生身心健康、塑造自主的个性、提升个人技能等方面都具有规范课程无法比拟的独特作用。

（二）体育课程理论的历史性转移

在我国，从 20 世纪 50 年代学习苏联体育教育理论之后，学科中心论一直占据着主导地位。1978 年后，我国恢复了原有的教育制度，但教育观念一直沿着原来的轨迹发展。直至 20 世纪 80 年代中期，发布《中共中央关于教育体制改革的决定》文件之后，体育课程的情况得到了改善。

人本主义教育理念具有全球范围的影响。自 1972 年联合国教科文组织发布《学会生存》以来，它已成为全球教育革新和体育课程发展的驱动力，但全球多个国家在这方面的完善程度是不一样的，表现为多个国家在教育和体育领域存在不一样的特点。

人本主义的体育课程具有两个关键的特点，一是它从学科构架的角度转向了学习构架的角度；二是将注意力从关注单一技巧或体能，转向注重技巧、体能及情感之间的共同进步。

强调学科自身的课程设计重视学科内部的完善和规范，但却没考虑学生的个性和身心发展。课程将体育分为不同的项目，并强制所有学生学习，且需符合特定的准则，这表现出以学科本身为核心的理念。学习构架着重达到学生个性及身心发展的要求，将体育课程设置为不同的项目，让学生或教师进行挑选，重视一致性及便捷性的课程构架，这种理念是以学习为中心得出的。

美国在体育上没有统一的教学规则，因此不同州的体育课程具有自己的特征。此外，体育课程非常灵活，教师能够根据自己的观念去改变

课程，在高年级阶段，学生可以挑选更广泛的课程。在最近几年中，仅课程而言，已经出现了四种不同的模式，包括竞技体育模式、社会体育模式、社会责任模式、健身体育模式和学科联系模式。这意味着美国的体育课程更加注重满足学生身心及个性完善的要求。

在 20 世纪 80 年代初，苏联针对体育教育发布了一项综合性的教学准则，该准则将体育视为基础组织方式且放在重要的位置，同时还将不同的课外体育活动加到该综合性准则中。在 20 世纪 90 年代，推广了选择性教学准则，允许学校依据本身实际发展状况，从多种制定的教学准则中挑选，更重视学生的个性差异及需求。当时的五种教学准则，包括综合体育准则、注重培养运动能力的体育教学准则、提升素质的形成性体育准则、竞技性体育教育准则以及农村小学专门的健身准则。除此之外，学校进一步促使教师能够灵活地展开教学，挑选教育内容，且学生具有更广阔的自我决策空间。

1978 年起，日本开始制定新的教学准则，将体育教学纳入第三次改革的主流中，要求必须学习体育和健康知识以及体操课程，而其他体育项目则可以有选择性地进行学习，让学校或学生在一定程度上自行决定。除了理论知识教学规定了课程时间，别的学科无固定的课程时间，教师能够自行决定。

在这个领域中，发达国家的体育课程进步方向目前具有相当的共识。比如在推广体育与健康知识、增强人们对体育的了解、熟悉必备的体育技巧、改善其健康的同时，还需要推崇注重个性发展，培育实力，宣传体育融入生活，利用社交活动推动人际交往及培养勇敢、坚毅等心理素质。需要注意的是，许多国家鼓励开展快乐体育课，并倡导终身学习的体育理念。因此，这些国家非常重视增强个体的自我教育和学习技能，其中包含训练、评估以及适应社会生活的体育技能。

中华人民共和国刚成立的时候，曾经借鉴苏联的体育理论知识和实际教学，一直采用以运动技能为核心的体育观念。自 1979 年在扬州召开

学校体育会议之后，体育从事者渐渐开始理解"以增强身体素质为主"的理念，这标志着我国体育课程的重大改革。然而，"以增强身体素质为主"并不意味着提升身体素质是唯一的目标，事实上，在 20 世纪 80 年代，我国学校体育注重提升身体素质，但却没考虑技能学习的重要性，没有重视培养学生健康锻炼的好习惯，以及没有重视学生意志力、个性的培育，此外，还轻视了社交互动的作用。此情况难以远离学科中心课程的限制。为了跟上人本主义课程在全球内的进步速度，需从生理、心理、社会三个方面探索学校体育的价值，并大力提升学生的全面素养。因此，仅仅依据规范的体育课程是不足以满足需求的，应该鼓励非传统课程的发展。在学校里，需要举办正式课程和课外活动，通过这两种课程的结合，以及家庭和社会体育的配合，多层次提升学生的素养知识水平和实践能力。这种课程模式可以更好地满足学生的需求。

（三）拓新高校体育教育观念的综合性思考

1. 拓新高校体育教育观念

拓新高校体育教育观念的核心是促使我国各级教育管理部门更加重视高校体育教育。确保高校体育教育观念包括"全面发展""协调发展""完善发展"和"发展个性"，使这些观念能够彻底融入现今的"素质教育"运动中。这样就可以确保高校体育教育持续、平稳地进步。

2. 深化高校体育教学改革

需要以新一代人才的多层次进步为核心目标，培养具备现代化思想的高素质的人才，以达到现代社会改革的目的。此外，摒弃过时的教学形式，使用现代教学形式。强调培养学生的体育素质；提升高校学生在体育学习方面的灵活程度；在改善高校体育考核规则的前提下，消除高

校体育课程只是为了应对体育考试的现象。

3. 21 世纪人才战略的重要举措

将高校体育教育提升为培育 21 世纪人才战略中的一个关键措施，这不是空洞的夸大之词，需要把它放在重要的策略性位置上。高校应该加大对体育教育的投资，以促进高校体育在"素质教育"的推进中稳固进步，让之前相对单调的体育教育迎来质的飞跃。

4. 总体发展趋势

革新高校体育教育理念，彻底改变当代高校体育教学模式，是当今高校教育的主要工作。这既符合当今高等教育改进的方向，还是应对 21 世纪人才竞争所必需的举措。

第三节 高校体育教学管理模式构建的实践

在高校教学中，与高中和初中相比，其教学环境更为宽松。因此，将体育教学模式融入高校教学模式中，显得尤为必要。高校设置的体育课程有很多种，涵盖了各种类型的运动项目，如羽毛球、乒乓球、排球、足球等球类运动，以及太极扇、游泳等其他体育活动。学生能够根据自己的爱好，在教学选课系统中自由挑选体育课程，这既可以增强学生对体育课的兴趣，还可以增加他们的学习经历，达到双赢的目的。近几年以来，我国部分高校对体育教学价值的认识还不够充分，特别是一部分的重点高校。这些高校往往会在本科大一、大二安排其他学科的课程来占用体育课，此做法会增加学生的学业和心理负担。所以，在体育教学的过程中，需要展开协商，明确教学规划，并避免别的课程占用体育课。

一、高校体育教学管理模式的现状

在我国，部分高校的体育教学管理模式具有很多问题。为了达到专业课教学任务的要求，许多高校只提供很少的体育课程，教师还缺乏充分的备课准备及严谨的教学态度。另外，许多高校的体育课时过短，并且一周只有一次课程，这无法使学生在繁忙的学业中得到必要的放松。因此，高校体育课未能引起学生的兴趣，许多学生甚至讨厌上体育课。体育课的教学体系不够成熟，通常只有任课教师按照课程规划分散安排任务，并在期末展开综合考核。因此，部分学生只是为了期末考试的成绩而参加体育课程，缺少对体育运动的真正理解。这种做法没有充分体现高校体育教学的价值。此外，有学者在课堂上展开探究时发现，许多学生在接受教师所留的作业后会出现逃课或没有充分地完成作业的现象。在开展某些球类体育课程的过程中，教师通常只提供简单的指导，大部分需要依靠学生独自练习来提高技能。因此，这会带来潜在的风险，例如在打排球、篮球等时，如果学生没有熟悉标准的技巧，就会发生受伤的情况。

二、高校体育教学管理模式的问题

（一）体育教学体系的不完善

在高校体育管理模式的建设中，有不同的问题需要处理，其中之一是体育教学体系不健全。很多学校未能因材施教地展开体育教学，甚至有的高校还未开设相关课程。在高校学生独自学习的时候，抽出部分时间参与体育活动是十分重要的。如果缺乏体育锻炼，学生在高校学习生活中会承受过重的学习压力，而适度的体育活动则能够缓解这种压力。

目前，许多高校对体育教育抱有轻视的态度，体育教学内容单调枯燥，不能满足学生实际的需求，教师只是机械地完成教学任务，对学生来说缺乏实际价值。

（二）体育教学效果不明显

还有一点，高校体育教学的效果不好。这是因太强调学生学习的成绩，给学生带来了巨大的压力，使得许多学生认为体育课等课程是在浪费时间，所以将之放在次要的位置。除了这个因素之外，高校学生在身体、心理素养等方面的不同，以及吸收教育知识的速度不同，这些因素使得许多高校学生对体育课程的热情不同。部分学生在大城市吸收了更多的体育教育知识，而另一些学生则缺乏相关教育，这可能会使得这些学生在体育教学中产生自卑情绪。因此，作为教师，需要满足学生的需求。例如，部分高校会在课外展开夏季体育教学，或在冬季举办溜冰等活动，这既可以增强学生的兴趣，还可以营造愉快的课堂气氛。

（三）任课教师专业水平不够

还有一个现象是，很多教师的专业水准较低，对体育课程的责任感不够强烈。由于体育课程的特殊性质，有些教师在教学中可能缺乏足够的热情和追求进步的意愿，这导致他们对体育课程的教学表现不够认真。此外，在招聘体育老师时，一些高校聘请的教师专业水平不够，这使部分体育项目的教学效果不佳，学生也难以对该课程产生浓厚的兴趣。

（四）高校体育教学设施不完善

还有一点，高校缺乏完善的体育教学设备。尽管我国的一些高校已经逐渐开始探究体育教学管理模式，但是对全面改进体育教学而言，体

育设备非常关键。然而，因体育设备不足，部分高校开展的体育课程类别都相对较少。例如，羽毛球、乒乓球等教学项目需要适当的场地，但很多学校却没有这方面的设备，这成为高校体育教学的短板。因此，体育教学的设备需要得到重视。

三、高校体育教学管理模式的构建方式

（一）确立完善管理体系

根据每位学生的独特需求，建立一个完备的管理机制。成熟的教学模式，是先依据普通高校的教学课表，制定体育课时，之后基于学校的体育设备，设计多种类别的体育课程。在教学模式上，需充分满足学生的个体需求，包括身体和心理素养，以及学生对教学知识的吸收程度，并依据实际情况作相应的调整。

（二）对任课教师进行教学培训，增强其上课的责任感

开展任课教师的教学培训工作，以提升其教学能力及增强其责任感。同时，鼓励任课教师举办室外的体育实践活动，以此增强学生对课程的兴趣。此外，因学生身心素养差异较大，在开展相关培训前，任课教师应具备较充分的专业知识，以保证体育课程的教学质量。此外，所设立的课程应具备多样性，以便学生可以依照其喜好进行挑选，增强学生在学习过程中的动力。

老师没有给予体育教学足够的关注，有的还出现懈怠的现象，这极大地影响了学习和运动结合起来的高校管理模式的发展。然而，从现实的角度来说，在体育活动中运用多种教学方式，可以更好地促进学生的学习。

第五章 高校体育教学模式的
创新发展

本书第五章为高校体育教学模式的创新发展，主要介绍了四个方面的内容，分别是高校体育游戏教学模式的实践与创新、高校体育程序教学模式的实践与创新、高校俱乐部体育教学模式的实践与创新、高校多媒体网络体育教学模式的实践与创新。

第一节 高校体育游戏教学模式
的实践与创新

一、游戏教学模式在高校体育教学中应用的理论基础

游戏教学模式是将体育游戏作为教学载体，通过与技术教学的有效结合，帮助学生在活跃的气氛中增强认知与技巧，同时也能够激发学生的独立性和创作力，进一步实现教学目标的一种创新教学模式。

（一）游戏及体育游戏的内涵

游戏和体育游戏都是娱乐性活动，游戏是因人类原始社会生产生活的需求而出现的，并且具有一定准则。每一项游戏都映射出当时社会生

产生活的场景，这一点已经在某些探究中得到证明。比如在古代社会，游戏被视为教育的一种形式。游戏被用来教育年轻的人们，让他们通过玩耍学习各种生产和生活的技能。由于游戏与生产、生活密不可分，最早时候的人们利用游戏使年幼者更快速、更充分地融入生活中，随着社会物质生活的进步，游戏也越来越丰富。就体育游戏而言，它被视为"游戏家族"的一部分，也是游戏内容不可或缺的一部分。随着人们对早期游戏方式的改变，当今流行的大部分体育项目也随之产生。因此，"游戏""体育游戏"和"体育项目"之间构成了紧密的关系。各位研究者虽然从多种角度展开了详细的解说，但本书将"体育游戏"概念定义为："体育游戏"是一种有组织、有准则、有意识的体育活动。

（二）体育游戏的特点

体育游戏既有一般游戏的特点，还具体地凸显了体育的关键特点。运动游戏是以人类身体进行基础运动为重点的游戏，通过这种方式，人们可以在快乐中获得德、智、体三方面的完善。其显著特征表现在以下方面。

1. 娱乐性

游戏都带有娱乐的性质，而体育游戏也是如此。正确利用体育游戏，可以为体育教学注入新鲜的力量，使课堂更加生动有趣。通过体育游戏的方式，能够激发教师和学生的娱乐欲望，进而提升他们在体育课堂中的欢快感，使得他们可以主动地参与每个教学活动。

2. 普及性

体育游戏拥有很多不同的内容，可满足多种用户的需求，使每个人都能找到适合自己的游戏。在教学的时候，教师可以根据学生的年龄、要求等，创造多种体育游戏，如此来实现健身、教学等方面的目标。

3. 规则性

体育游戏需要遵循特定的规则，这些规则可以从传统游戏中继承，也可以在实践中持续变化，以达到不断完善规则的要求。在运动教育中，游戏是必不可少的教学方式之一。为了有效地达成教学目标，这些游戏都必须依据严谨的规则，以此来确保教学过程的有序、流畅。

4. 竞争性

竞争性能够被视为在体育游戏中促进人们参与比赛的最大因素，因为它能够激发人们的竞争意识，同时确保游戏的公平性。经过比拼竞赛，人们体育运动的表现可达到最佳状态，并可以发掘身体的潜力。实际上，大部分体育游戏都是以赢得胜利为目标的竞争性活动，其中个人或团队的胜利是评判游戏成功与否的标准。游戏结果通常是依据任务的数量、品质、速度来判断的，所展现的是人们在体能、智能、协调力等的竞争状况。赢家可以获得心灵上的愉快，且可以大力发挥个人特长。竞争所培育出的技能对体育教学具有显著促进作用，促使学生更全面地领会体育的本质，从而使教师更顺利地开展体育教学。

5. 目的性

大多数人参与体育游戏时都有明确的目的，在享受身心放松、培育团队协调力等方面追求不同的目标。总的来说，这些游戏都是为了激发人们的兴趣，让原本乏味的技能学习变得充满趣味性。

（三）游戏教学模式与高校体育教学

游戏教学模式是一种教学方法，它将教学要求的知识与游戏有机地结合在一起，以达到最佳的教学效果。在高校体育教学的过程中，老师采用不同的游戏教学方式，能够帮助学生在学习中获得多种技能。

1. 游戏教学模式与高校体育教学特点的内在联系

游戏教学模式本身具有娱乐性、竞争性和普及性等，可以协助达到体育教学的目的。因我国高校培育学生的方式不一样，这导致高校学生在身心素养上有很大的不同。高校学生更注重个性和综合素质的培育，体育课为其提供了不同竞争性的活动，促进了学生社会适应力、竞争力、进取力的发展，并给予了他们广阔的发展环境。因为体育课的运动量和强度较大，以往的教学模式往往显得单调乏味，难以达到高校学生对多样化教学方式的要求。因此，采用有趣的游戏教学方式可以帮助学生轻松地融入体育教学中，还能够促进学生运动技能和技巧的发展，帮助他们领会、感受体育运动的内涵，为终身运动打下坚实的基础。

2. 体育游戏在体育教学中的作用

体育游戏在教学中具有重要的作用，它可以引起学生对体育的学习兴趣，培养学生的团队精神及规则意识，同时还能提升学生的体育技巧水平。体育游戏对体育教学有重大的影响。它的作用体现在以下几点。

（1）对教学的有效辅助作用

体育游戏在教学中可以有效地辅助教学。在游戏化教学模式中，体育教学的每个步骤都可以融入游戏元素，甚至教学过程都可以利用游戏化的流程来进行有机地衔接。一是在准备体育课的方面，起到教辅的作用。在准备体育课的时候，学生身心都比较平静，身体柔韧度低，肌肉僵硬，缺乏对体育运动的热情和动力，大脑兴奋度较低。特别是部分对体育不感兴趣的学生，更容易出现消极的情绪。因此，在体育课的开始利用游戏教学模式十分关键。这不仅能在欢乐的环境下协助学生进行身体热身，还能激发学生的兴趣。部分心理学家认为，对某个领域产生浓厚的兴趣是学习的最佳动力。因此，采用游戏化的教学模式可以促使学生自发地参与体育课程，从而给予他们开展学习的有效驱动力。二是它

还可以辅助体育课基本知识的学习。在体育课上，一般会复习先前所学知识和教授新的知识。然而，以往的教学方法只强调口头传授及实物示范，教学模式过于单调，难以激发学生的学习热情。游戏式的教学模式可以快速提升学生大脑的兴奋程度，帮助他们快速地进行思考，并在游戏的过程中进行所学知识的复习及新知识的学习。在放松的游戏气氛中，学生可以熟练地学习多种技巧，即使在有难度的技巧面前，也不会因害怕而逃避。特别是设计的有目的性的动作游戏，对学生熟悉不同的技巧更为有利。三是在体育课的技能学习上，可以设计简便有趣的游戏，这不仅可以帮助学生舒缓因体育课高强度活动产生的紧张情绪和疲惫状况，还可以让学生集中注意力于之后的理论学习中，并对体育课充满憧憬。

（2）强化了体育课健身作用

以往的体育教学方式单调、乏味，导致学生对体育课缺乏热情，对参与体育活动的意愿不强，从而影响了体育课的健身效果。为了强化体育课的健身功能，需要改革以往的教学方式。应用游戏教学模式，可以极大地激发学生的学习热情，并促进他们对理论知识的学习。在体育课上，学生可以认真学习体育内涵和技巧，理解体育的本质，并逐渐培育体育运动的习惯。此外，体育游戏呈现出多种形式，教学没有人数上的约束，所有学生都可以参与体育游戏，且在游戏中进行身体锻炼，还可以使学生学习体育知识和技巧，从而增强了体育课程的健身作用。

（3）赋予了体育教学的娱乐作用

以往体育课通常只采用一种教学方式，让学生感到压抑，只是完成既定的要求、任务。而现在的体育教学则更重视娱乐性，让学生感到轻松愉悦。通过游戏教学模式可以满足学生在忙碌生活中对文化学习的需求，使得原本乏味的教学充满趣味性。学生在游戏的娱乐氛围中感到激情，能够更充分学习地体育课的认知和技巧，从而取得理想的教学效果。

（4）拓宽了体育课的教育作用

体育游戏设有一系列准则，学生在体验游戏教学时也需要严格遵守这些准则。游戏具有丰富的内涵和模式，从单人游戏到多人协作，游戏的开展方式并不受限制。此外，体育游戏需要依照特定的准则来评判赢输，这增加了游戏行为的趣味性，使之具有更加关键的教育作用。在体育游戏中，学生积极参与比赛，培养了他们的竞争意识。体育游戏永远都有明确的胜负结果，无论是团队还是个人参与，都会渴望胜利，且必须坚持依照准则来公平地比赛，这体现了当今社会人们所具有的素养。另外，这也促进了学生之间的联系。在体育游戏模式的教学过程之中，团队性的体育游戏是非常常见的，在这种游戏中，团队成员需要展现智力，彼此协调且紧密团结，只有这样才可以取得理想的游戏结果。此外，体育游戏还能激发学生的思维灵感，以及提升其创作力。在体育教学中，如果学生还没有完全熟悉某些技巧或知识，老师往往会通过将这些技巧和知识融入游戏的方式，仔细制定游戏环节，并通过游戏的特点来指导学生熟练地吸收技能知识。最终，在教师的指导下，学生在熟悉技能知识的基础上，能够独自开展并设计新的体育游戏，以达到课堂体育游戏的要求。体育游戏不仅可以让学生踊跃参与，而且经过探究游戏，还可以提升学生的创新能力。

3. 体育游戏在教学中实施的理论研究

适当的游戏准则是游戏教学模式中最关键的部分，在体育游戏过程中，其开展的结果会影响游戏教学模式发展，最后会影响到整个的体育教学。系统地探究体育游戏教学，对游戏教学模式有着重要的价值。

（1）体育游戏的实施要把握好体育游戏的质和量

对体育游戏的质和量的掌控，关键是要了解体育游戏在教学中的功能，需要知道它是一种教学辅助的手段。游戏的内容必须与教学目标紧密相关，例如在备课的时候，体育游戏应该以热身为目的，为课程提供

充分的准备。当进行新知识的教学时，游戏应有目的地引导新知识的学习，以达到最佳的效果。如果学生太投入玩游戏，会对体育课的教学效果产生影响。即使我们知道体育课除了锻炼学生的身体素养外，更是让学生掌握运动技巧、培养学生终身体育意识的关键点。因此，在游戏时间太长及过度开展的情况下，体育课的教学计划可能会受到影响。此外，必须基于学生身心成长的需求确定游戏的质量和数量，反之，将会极大地影响体育教学的进度。

（2）体育游戏的实施要注意发挥游戏的特色

体育游戏既具有竞争性，又是一项娱乐活动，同时也是促进身体健康和教育培养的有效手段之一。为了挖掘体育游戏的潜力，需要制定适当的游戏准则，确保所有学生能够参与及完成游戏。为了让同学们在体育游戏中享受纯粹的乐趣，游戏设计应该摒弃太过正式的竞技准则，注重游戏准则的灵活性。这样的设定可以让同学们在游戏中实现平衡的竞争，同时也能够享受到胜利的乐趣。教育性体现在体育游戏执行中的每一环节上，如团队协调、创新素质等，这些都彰显了体育游戏的教育价值。只有在保留游戏特性的前提下，才可以完全发掘以游戏为基础的教学模式所取得的益处，从而为体育教学创造更大的价值。

（3）体育游戏的实施要保证安全第一

体育教学的目的是培育多层次进步的人才，游戏教学应该符合这一目的。由于体育游戏具有多种方式，因此在开展体育游戏时，有多种方式可以选择，但考虑到体育教学的独特空间，安全问题应该作为教学中第一重视的问题。在实行游戏教学模式之前，需要开展安全教育以及确保课堂秩序，并让学生严格遵守游戏准则。此外，务必留意游戏设备及游戏场馆的安全情况。最后，掌控学生的游戏进行的速度，以避免他们在游戏中太过激动，忘记自我保护，出现受伤争吵等现象。

（四）游戏教学模式中游戏的选择

游戏教学模式可以让体育课堂变得更有趣、更生动，不再像以前那样无趣。这种教学模式可以有效地增强学生的综合能力及提升教学效率，对学生的成长有着很大的影响。在选择游戏时，需要根据游戏的特性和效果进行选择。在游戏教学模式中，为了获得最大的教学效果，适当利用游戏是至关重要的。如果在备课时选择高强度的游戏活动，或在教学中选择不恰当的游戏，将对体育课的教学效果造成极大的负面影响，使取得预期的教学成果变得更困难。因此，游戏的选择一般会考虑以下四点。

1. 体育游戏的内容应是健康向上的

在体育游戏中，教师会精心挑选并创造具有意义的游戏方式及内涵，以达成教学目的。然而，游戏的内涵和方式需要秉持健康向上的原则，以确保体育课堂满足教学需求。如果不遵循这一原则，虽然可以让体育课堂更有活力，但会影响到体育教学真正的教育内容。

2. 体育游戏的选择必须具有趣味性

娱乐性是体育游戏的核心，也是其意义的重要体现。如果游戏缺乏趣味性，就像一个没有活力的个体一样，在体育教学中将无法发挥其协助功能，还可能引起学生的不满。兴趣促进我们去学习。一个充满乐趣的游戏会让学生感到愉悦，从而激发他们对体育游戏的兴趣。体育游戏是一种规范但不苛刻的体育活动，相比严肃的体育比赛更自在。在游戏中对参与者没有太多的要求，因此他们可以放松身心，自由地表现自我，享受游戏的乐趣。游戏参与者可以在欢快的环境中，专注地投入到游戏中。游戏趣味程度一般与其竞争性和环节的丰富程度成正比。游戏能够

让原本单调的体育活动变得有趣，从而进一步激发学生参与体育锻炼的兴趣。

3. 体育游戏要富有教育意义

参与体育游戏有助于学生有效地锻炼身体，提高身体运动技能。在体育教学中，挑选体育游戏不仅需要满足学生身体方面的要求，还需要重视其教育性质。在体育教学方面，缺乏教育意义的游戏并不是理想的选择。在体育课中选择适当的体育游戏可以全方位地提升学生的素养，这也是体育活动独有的价值所在。参与体育游戏活动可以帮助学生掌握与人交往的技能，同时也可以培养他们的创新思维和适应社会竞争的能力。只有这种类型的体育游戏才符合体育教学的要求，才能在促进全面体育教育方面发挥作用。

4. 体育游戏的选择要简便易行、富有针对性

游戏教学模式的主要目的是辅助教学。游戏规则应该简化并具有明确的针对性，既要保留游戏的精华，又要有效地达成教学目标。如果一个游戏有太多复杂的规则，玩家需要花更多时间来学习它，这会导致学生在体育课堂上被分散注意力，浪费很多时间，反而会影响教学效果。此外，值得关注的是游戏的有效使用，没有明确目的的游戏会对教学计划和目标的实现造成障碍。只有具备针对性、做到高效利用才能事半功倍。在备课时，我们要结合本次课的教学目标，采用简单、有趣的游戏，并注重达到肢体关节的预热效果。这样一来，不仅调动了学生在体育课上的学习兴趣，而且更好地实现了教学目标。在课程的开始，选择一些简单易操作且适合特定目标的游戏，可以有效地巩固旧知识，同时也有利于引入新知识。为了让学生在接下来的文化知识学习中保持平静的心态，应选择放松身心的游戏作为课程结束的活动。

二、游戏教学模式在高校体育教学中应用的实践创新——武术游戏教学模式

现今，我国高校武术教学仍没有彻底摆脱传统教育的影响，仍然在不同程度上存在着各种问题：学生武术学习的起点低且学习难度较大；一周一次两学时的教学课给学生记忆动作造成客观性的困难，如此短的教学时间不利于武术运动的深入学习；教学内容单一，教学模式单调。对于这些问题，不少高校引入游戏教学模式，不仅丰富了游戏教学模式在体育教学中的应用实践，而且为其他体育项目提供了参考和借鉴。本书就以武术教学为例，来展开游戏教学模式在高校体育教学中应用的实践研究。

（一）武术游戏教学模式引入高校武术教学的意义与作用

1. 有利于提高学生认识水平

通过教学模式中包含的武术游戏，学生可以更深入地体验和消化所学的知识和技能，从而更加全面地认识和理解体育和武术。通过参加各种不同类型的武术体育游戏教学活动，学生逐渐增强了参与武术的意识，掌握了更多的武术知识和武术技能，同时也在与同伴互动中获得了互相帮助的机会，这些都促进了学生积极地进行自我调整和自我教育。通过教学，他们在武术方面的知识储备和实际应用水平方面有所提升。

2. 有利于学生智力和非智力因素的发展

选择适合武术教材特征的多种武术游戏教学模式。通过这种教学方式，学生可以在更为协调的氛围中了解武术。它能提升学生对武术学习的积极性。定期将武术游戏纳入体育教学中，可以极大地促进学生情绪的提升，进而推动学生智力和非智力的全面进步。武术游戏不仅可以让

学生学习武术技能，还可以通过武术比赛来达到教学要求。这种方法可以改变学生的思维，同时通过身体和思维之间的联系来培育学生的多种心理素养，包括感觉、知觉、想象等。通过在武术游戏教学中发现问题并加以解决，学生的学习欲望将得到提升。同时，这种教学模式在学生的学习、生活、理想等方面都有重大的影响，有助于学生多层次的发展，提高学生的智力和非智力素质。

3. 有利于顺利完成学校体育教学计划

发展武术游戏是开展高校体育教学计划的关键保障。由于学生在武术教学中的专注程度和积极程度不一样，因此会影响教学计划的实施进度。在体育教学初期和备课的时候，体育教师应当引入多样的武术游戏作为教学手段，促进学生大脑运转，有助于学生心理素质的提升。通过进行诸如武术模仿游戏、武术项目报数游戏等活动，能够提高学生的专注程度和积极程度，让他们从平静态渐渐过渡到学习态中，为接下来的教学作好充分的准备。这样的教学方法不仅可以有趣地引导学生学习武术，还可以营造协调的课堂氛围，让学生更有效地进行学习和练习。考虑到某些武术教材可能对学生要求较高，会影响学生情绪。为了解决这一问题，教师可以采用针对性更强的教学模式，如安排武术游戏环节来帮助学生更好地吸收教学内容。在武术耐力教学的过程中，教师可以使用推动彼此进步的武术游戏来教授课程，以加快教学步伐、提升学生的学习能力。

4. 有利于学生心理健康水平的提高

通过用游戏来促进学习的教学模式，体育教师可以依据学生的水平并使用恰当的教学方法来教授武术，以确保武术教学的规范性。这样的教学模式能够更好地提升学生心理健康水平。多种形式的武术游戏被持续地纳入课程中，让学习过程更加灵活，舒缓了学生的学习压力，帮助

他们轻松地学习武术内涵和技巧，同时在欢快的氛围中进行身体锻炼。

5. 有利于学生思想品德的提高

高校开展武术游戏教学活动有助于满足学生的多种要求，提升他们获取知识的感受，增强他们对武术的学习意愿，激励他们在之后的日常生活中继续进行武术活动。教师运用新的方式和技巧，在武术游戏中设计一些具有挑战性的游戏，既可以提高学生的身体素质和智力水平，还有助于塑造学生的道德品质。这种教学方法能够培育学生坚持不懈的竞争精神、积极的态度及品质。

综上所述，运用游戏教学模式进行高校武术教学是增强教学品质的关键点。不同类型的武术游戏不仅可以培养学生的思维能力，推动智力的发展、提升学生的身体健康水平，还能够促进学生身体素养的全面发展，同时培养学生在武术方面的专业素养。此外，它还是培育学生讲纪律、珍爱集体、学习向上等优秀品行的重要途径。

（二）游戏教学模式引入高校武术教学的教学设计

课程改革不断加快，教师们对教学理念、教学形式、教学评估等的认识逐渐增强，出现了质的改变，许多以往的教学形式被新的方式所代替。其中，教学设计是教学中十分关键的一部分，它需要同时考虑课程目标、教学进程、教学准确以及教学本质，以此达到一个完美的统一。

1. 游戏教学模式引入高校武术教学的目标

通过指导学生如何达成教学目标来进行教学，教学活动将紧密依据目标进行。武术在学校的目的是推广武术运动技巧，传递武术文化内涵和理念。以游戏为基础的体育教学模式是一种创新的教学模式，借助游戏的互动性，让学生在愉悦的氛围中参与武术，从而让学生更加积极地学习武术。通过将武术动作融入游戏教学模式中，能够激发学生的兴趣

和动力，减少学习上的抵触情绪。此外，游戏还要注重展现武术的发力点、转变点等精华，以此发展学生的创新力。

2. 游戏教学模式引入高校武术教学的内容

为了解决武术教学内容落后、学生动作要点理解困难及对武术出现抵触的问题，可以引入游戏教学模式，在教学中加入更生动、有趣的元素，帮助学生更好地学习各种动作，提升学习欲望。此外，针对一些较为困难的武术动作，可以采取逐步分解、多次练习等措施，帮助学生克服心理障碍，提高学习效果。当今大学生更偏好学习实践性较强的武术，如散打、太极、器械等，对武术基本认知的学习则有所倦怠，对武术套路的兴趣不算特别高。因此，高校需要对武术教学内容进行总结整理，增加更多有关散打、太极和器械的游戏教学，从而提高教学的效果。

3. 游戏教学模式引入高校武术教学的教学结构

体育教学包括准备阶段、基本阶段和结束阶段这三个基本组成部分。在教育实践的过程中，要依据学生在教学阶段中的身体、心理发展状况及教学准则，设计有目的性的武术游戏，为完善成具有系统性的多个武术项目的教学体系和形式打下基础。

（1）武术游戏教学模式在教学准备阶段的运用

在以往进行准备活动的时候，一般使用慢速跑步、体操等教学形式，然而这些方法只可以实现提升学生身体机能的效果。如果一直用同样的教学方法，学生可能会感到乏味和厌倦。相比之下，运用武术游戏教学的模式可以快速激发学生的积极性和兴趣。

因此，在这个阶段，可以有目的性地挑选一些能够提高学生专注力的武术游戏，比如"武友相聚"和"大刀接力"。通过这些多元化的高校武术教学准备活动，可以使学生的身心得到有效的调整，积极设计课堂

教学环节，为未来的教学作好准备。

（2）武术游戏教学模式在教学基本阶段的运用

在武术游戏教学中，基本认知、技巧的教学是非常关键的，是评估教学效果的主要指标。在这个时期，学生需要熟悉武术基本知识、实践技巧，且动作要做到规范。

为了实现这个目标，教师可以依据武术教学的内涵、本质及学生的个性特征，巧妙地设置一些武术动作的游戏，使学生不再感到单调乏味，从而激发学生对武术学习的浓厚欲望，同时也能在愉悦的氛围下顺利开展教学课程。

在设计武术游戏时，重要的是以武术课程为基础，并加入趣味元素，以吸引学生来实现学练同步进行的目标。此外，要注意挑选适当的时间点来使用武术游戏教学方法。通常来说，在学生掌握了基本技法之后才可以用游戏法，以防止影响他们对技法的熟练度。因此，最好在学生进行多次动作练习时使用武术游戏教学方法，以达到最佳的效果。

学生不太喜欢武术耐力教学，如果老师一直用平常的练习法，就会让学生觉得很无聊并缺乏乐趣，这会抑制他们的学习兴趣和毅力。在武术耐力教学的时候，可以将提高耐力的武术游戏应用到教学中。

（3）武术游戏教学模式在教学结束阶段的运用

在武术课程教学的结束阶段，考虑到学生处于疲惫状态，须及时进行体能恢复和身心放松，以顺利完成从兴奋到平静的转换。这个时候可以用一些低强度的武术游戏来结束教学。在挑选武术游戏的时候，需要注重增加趣味性，从游戏内涵和模式入手，尽量让游戏欢快、生动，且具有幽默感，促进学生身心得到恰当的放松。

（三）武术游戏教学模式在高校武术课堂的组织教法创新

现今有很多优秀的教学模式可以帮助学生进行学习，比如武术音乐辅助教学模式、讲授武术故事模式、武术口诀教学模式等，其中，游戏

教学模式在武术教学中的应用是一项很有前途的创新。游戏教学模式能够让学生在学习武术技巧的同时感受到很大的乐趣。运用游戏教学模式，须严格按照教学流程操作，以此来提升高校武术教学的品质，从而达到武术游戏教学模式的预期效果。

具体来说，武术游戏教学模式在高校武术课堂的组织教法应该按照以下步骤和流程进行。

1. 根据武术课的教学的目的和内容来选择武术游戏

各类武术游戏具有很强的针对性，可以服务于各类具体的武术教学活动。武术课的形式多样、内容丰富，选择何种武术游戏活动应根据武术课的具体目的和内容而定。例如，课程的开始与结束部分所选择的武术游戏应有所差异，不同器械、不同拳种的武术教学课所选择的游戏都应有所不同。但无论选择什么类型的武术游戏，其目的都是既让学生得到身体的锻炼，又为武术知识技能教学服务，有效地完成武术课的教学任务。

2. 武术游戏的讲解和示范

在选择好武术游戏后，教师必须先给学生讲解武术游戏的目的、方法和规则。可以按照武术游戏的基本要求，讲解游戏的目的、任务、内容、规则、活动方法以及相关的要点，让学生了解要注意的一些安全事项，从而使学生在游戏规则允许的范围内享受游戏教学的乐趣。

武术游戏的讲解顺序一般是：游戏的名称、目的、意义、组织和方法、规则和要求、注意事项等。讲解时，教师应选好讲解位置，做到两点：第一，每位学生都能听到讲解内容，游戏的重点内容、关键的词句要讲清楚；第二，讲解与示范相结合，重要的教学内容要作示范，以利于学生的理解和对游戏的认知。

3. 武术游戏中的合理分组

一些武术游戏必须采用分组或分队进行教学，这时教师应做到合理分组。在武术教学中，分组和分队的方法主要有：教师分组、报数分组、行政分组、组长分组和固定分组。教师采用何种分组方法，应根据具体的武术游戏内容、形式、教学条件，以及学生的具体情况来确定，做到分组和分队人数基本相等、实力大致相当。只有这样，在武术游戏活动中才能充分调动学生的积极性、主动性和创造性。

4. 做好安全组织、裁判工作并及时调整

在一些武术集体游戏中易出现拥挤推搡事故，在教学前应做好预防工作，提醒学生易出现的问题，并加以引导，组织学生有序地进行活动。游戏时应做到公平、合理、判罚明晰，多鼓励和表扬，游戏中的运动量、运动强度和情绪都要加以控制和调节。

第二节 高校体育程序教学模式的实践与创新

一、程序教学模式概述

程序教学模式是指依靠教学机器和程序教材呈现学习程序，包括问题的显示、学生的反映和将反映的正误情况反馈给学生的过程等，是学习者进行自主学习的方法。

程序教学理论的代表人物为美国心理学家伯尔赫斯·弗雷德里克·斯金纳（Burrhus Frederic Skinner），他也是当代新行为主义心理学派的代表。他通过实验发现动物的行为可以运用逐步强化的方法，形成操

作性条件反射。他把这种操作性条件反射的理论引入人的学习行为，用于学生的学习过程，认为学习过程是作用于学习者的刺激和学习者对它作出的反应之间的联结的形成过程。其基本图式是：刺激—反应—强化。一种复杂的行为可用逐步接近、积累的办法，用简单的行为联结而成。

程序教学把学习内容分成一个个小的问题，系统排列起来，通过编好程序的教材或特制的教学机器，逐步地提出问题（刺激）；学生选择答案，回答问题（反应）；学生回答问题后立即就知道学习结果，确认自己回答的正误。如果解答正确，得到鼓舞（强化）就进入下一程序学习；如果不正确，就采取补充程序，再学习同一内容，直到掌握为止。其基本操作程序是：解释—问题（提问）—解答—确认。

课前，教师进行导入，明确本节课学习的目标；课中，教师先讲述较难的知识点，然后让学生做相应的 7~10 道题的练习（是学校训练量的 7~12 倍），再让学生进行课堂阶段性测试；最后，进行当堂小结，采取讲、练、测、评一体的形式完成课堂授课。教师给予有解答步骤的例题和足够数量的练习，学生就能根据例题形成适当的假设，并在解决问题的过程中不断地得到反馈，有效地获取知识。在学生的练习过程中，教师的任务就是针对不同学生的不同问题加以个别辅导，同时发现带有共性的问题，在小结时一并解决。这种课堂模式充分体现了学生的主体作用和教师的主导作用，教师的角色由知识的传授者变为学生学习的引导者、促进者、合作者；同时让学生掌握学习的方法，培养他们终身学习的愿望和能力。

二、程序教学模式的理论基础

（一）程序教学模式的控制论基础

程序教学是一个闭环式的循环控制系统，在这个系统中，要使学生

沿着一定的路径达到教学目标，就必须对这个过程进行控制。而反馈是实现控制的必要条件，教学中只有通过学生的信息反馈发现问题，然后才能及时改进程序序列和教学模式，这就实现了反馈控制这样一个循环控制过程。体育教学过程符合这样一个控制过程。在体育教学活动中，教师通过正向控制运用教学手段和程序教材控制学生学习某项技术过程。利用反馈控制渠道，通过一定的评价方式和检验方法了解学生对运动技术的掌握情况，及时纠正程序中不合理的地方，然后根据程序教材施行更合理的教学程序，这样，就能不断地提高所编程序的科学性。经过多个闭环式的控制过程，使学生的学习结果科学地接近程序制定的预定目标。

（二）程序教学模式的信息论基础

一位学习者学习动作的过程可以看作一个信息加工的过程。简单地说就是一个传递信息、获取信息、存储信息、检索信息、使用信息和信息反馈的完整过程，而且是以大脑皮质对动作的掌握以及调节为基础的。研究表明：在日常的信息中，只有 $15\%\sim20\%$ 的信息来自听觉，$60\%\sim80\%$ 的信息是通过视觉接受的，而且视觉信息的内容比听觉信息的内容更丰富、更细腻、更形象。各个体育项目的教学有其特殊的信息传递规律，但在一定程度上也反映了这一规律，即教师获取学生完成动作的反馈信息。体育教学过程是一个以身体练习为主的教育过程，在体育教学过程中，学生通过听觉获取信息的时间要比其他教学过程少得多，这样也就无形中提高了视觉信息在体育教学中的重要性。

教学信息反映着教学系统自身的各种状态和特征。信息在现代教学训练中的运用主要表现在以下几个方面：运用控制信息有效地调节和控制学生的学习；运用信息反馈对正在进行学习的过程进行有效的检测和调控；运用信息对学生学习过程与状态进行诊断，了解学习的进展情况，评价学生的学习效果；运用获取的信息改进教学工作，以不断创造新的

技术、教学手段与方法；通过扩大知识信息获取量提高教师和学生的知识和技能水平；运用各种不同的信息对教学、学习过程进行多学科综合调控。

（三）程序教学模式的心理学基础

1. 行为主义心理学

学习过程实际上是一个刺激—反应、强刺激—强反应的过程，有怎样的刺激，就将产生怎样的反应，弱的刺激将产生弱的反应，强的刺激将产生强的反应。同时很多学者认为繁重的学习任务将提高学生的学习焦虑水平，而过高的学习焦虑水平反而会降低学生的学习效率。如何一方面让学生的学习任务增强，另一方面又不会使学生焦虑水平过高，是体育工作者面临的重要课题。因此，在程序教学中科学合理地编制教学程序是非常重要的。

2. 体育心理学原理

体育心理学原理表明，动机是激励人去行动以达到一定目的的内在动因，它以欲望、兴趣、理想等形式表现出来，是个体发动和维持其行动的一种有意识的心理活动倾向。体育教学中学生的学习动机是指推动学生学习运动技术、经常参加体育活动的心理动因，是学生掌握运动知识、技能的前提。学习动机一般是由学习的自觉性和对学习内容的直接兴趣这两种心理成分组成的。学生对体育活动的学习动机，其自觉性和直接兴趣是互相促进并在一定条件下相互转化的。学习的自觉性可以进一步提高其直接兴趣，而直接兴趣也有利于培养其学习的自觉性，使学习效果更加理想。利用程序教学模式对体育技术进行教学，能够提高学生的学习兴趣进而提高其自觉性，使得其主动学习而不是被动接受知识灌输。

3. 运动技能形成规律

从运动技能形成原理来看，形成运动技能就是要在刺激不断重复下建立"运动条件反射短时性神经联系"，进而形成正确的技术动作。只有接受外部刺激才能形成运动技能。在学习中除了外部刺激，其内在的心理活动如情感、态度、思想活动等的作用对学习效果的影响也很重要。如情感在技能认知中进行活动定向，意识的作用在于支配动作的实施。学生在学习中表现出的主动性和积极性建立在情感对教学信息的接受上，学生还要认识到学习内容的价值，这时意识控制才会加强。虽然在练习中会出现错误动作，但由于可以得到及时的信息反馈，学生能够在主观上朝向练习目标，随着学习者控制能力的提高从而形成熟练的运动技能。运动技能从开始学习到熟练掌握全过程可以分为泛化过程、分化过程、巩固过程、自动化过程四个时期，这四个时期构成一个完整的动作技能形成过程，这个过程是互相联系、互相影响、统一且不可分割的。

从体育教学具体实践方面来看，所谓程序教学就是借助一定的方法（控制论中叫"算法"），按一定的顺序有控制地学习任何一种动作技能的教育过程，是一种新的具有综合性特点的教育过程。程序教学训练是根据控制论、信息论、系统论的一般规律确定的一种运动技能教学训练的方法与过程。程序教学的实质和核心是提高练习者掌握知识技能过程的控制性，即把学习知识和掌握动作技能的过程置于体育教师的最科学合理的控制之下，使这个过程的顺序性、经济性和实效性均达到最佳的程度，从而大大提高体育教学的效果。在体育教学中，教师根据具体的技术动作编写合理的教学程序，实质上就是对动作技能进行科学合理的控制，并通过信息的传递与反馈控制学生学习技术的程序，使之有一定的顺序性，避免学生盲目学习，从而提高学习的经济性与实效性。

三、高校体育教学中程序教学模式的编制

（一）程序教学模式的编制方式

1. 直线式程序教学

直线式程序教学是将教材分成若干个小的"步子"，并按一定顺序进行教学训练。其基本特点是练习者提出的所有问题都是按一定的直线单向序列进行的。它是一种相对简单的模式，适用于一些简单的技术项目。

2. 分支式程序教学

分支式程序教学是将教材分为比直线性程序更大的"步子"，每个大的"步子"中再确定一些具体的算法程序（即具体的方法和手段），根据选择的算法从每步所要学的教材中向学生提出各种检查性的问题，或是对前面学过的教材作补充性的解释，然后再给出新的检查性问题。例如，网球教学时，将正手动作分为引拍、击球、随挥几个大的"步子"，然后按以上方法分几步教学。每一步采取各种具体的方法进行练习，并用检查性的问题或手段进行检查或考核，完成一步后再进行下一步教学。分支式程序教学在教学中往往用于促使练习者动作技能的提高和技术结构较为复杂的运动项目的教学。

（二）程序教学模式的编制原则

1. 小步子原则

程序教材是把所学内容进行整理设计后将其分成几个部分，每部分就是一个知识段也就是所谓小步子，把这些小步子科学地连起来编制成

较长的序列，后面的步子逐渐增加难度。学习过程中学生按照此序列完成到最后一步也就掌握了本次的学习内容，遇到难题只要返回上一步重新巩固就可以了。其学习内容是逐步呈现的，学习者能够循序渐进地掌握所学内容并最终完成学习任务。

2. 即时强化原则

学习过程中如果学生遇到困难，进行思考后仍解决不了，又没有教师的及时指点时，很容易放弃对本内容的学习。但是在根据程序教学方法学习时，学生自己便能够及时地找到解决问题的方法，也就是返回到上一步的学习，这样就可以对所学内容加深印象，在一定程度上相当于对学习的强化，更容易掌握学习内容。心理学研究表明，人对知识的掌握是不断强化的结果，而知道答案也是一种强化，因为学习者可以增强自信心并获得奖励，从而使学习者对学习内容更有兴趣，能够不断地进行自觉的学习。

3. 自定步调原则

在传统的体育教学中，教师是根据学生的技能水平和教材内容进行教学的，这种方法忽略了学生的个体差异，结果造成差生跟不上教学进度，优生不能满足学习需求，最终显示为身体素质的差异导致传统教学模式教学效率不高。在程序教学中，学习者可以根据自己的实际情况掌握学习进度，可以根据对学习内容的掌握程度自定步调，按照自己的进度进行学习。自定步调体现了以学生为主体的指导思想，使不同水平的学生都能按自己的学习进度对教材进行学习。

4. 主动反应原则

程序教学的内容是由每一小段（小步子）内容按照一定序列组合起来的完整的内容，是一个完整的链条，学生能够不断地按照程序所提供

的问题或方法进行学习。学生学习完一个内容后可以立即被强化或奖励，这样既保证了学习者能够处于积极的学习活动中，又增强了他们对学习的兴趣。

（三）程序教学模式的编制目标

程序教学是在高校体育教学改革的背景下为弥补传统教学的不足而提出的一种教学模式。传统的教学中教师强调的是达标，就是要求所有的学生达到同一个教学标准，这忽视了学生的个体差异，往往导致基础好的学生稍加努力就达到了教学目标，而基础差的学生付出很大的努力仍然可能达不到教学要求，这就容易挫伤学生的学习积极性。程序教学的目标是能够让 90%以上的学生掌握基本技术动作，了解技术原理。另外，程序教学能够提高学生的自学能力、培养学生的体育兴趣，为终身体育奠定基础。

（四）程序教学的控制系统

程序教学过程可以看成一个控制系统，这一控制系统是教师与学生之间的信息传递过程。在程序教学模式中，先由教师将信息传递给学生，学生接受之后在具体实践中提出反馈，教师利用反馈的信息重新调整教学程序与内容，然后再将调整后的信息传递给学生。如此循环往复，使得教学内容不断深化，教学效果不断改善。

程序教学具有严格的逻辑顺序以控制系统和满足连贯的动作技术要求，对动作技术的程序化教学的调控过程都是利用信息反馈来实现的。为了获取最优的教学效果，必须建立快速且有效的信息反馈控制系统。学生通过程序教学控制系统的调节，对所学动作与正确动作进行比较，发现问题，提出改进程序，不断修正错误。例如，在完成羽毛球正手抽球动作时，中枢神经系统不断获得有关动作的用力大小、动作节奏、动作方向等方面的信息，然后再通过新信息去纠正错误动作，从而提高正

手抽球动作的质量。这样，在每个教学阶段都有合适的信息传递给学生，保证了学生的学习质量。另外，从反馈调控的角度来看，教师能及时在每一程序得到学生的反馈信息，便于了解学生的学习状况，及时调整、控制输出的信息，使学生在不同的序列里能获取最佳适宜信息，最后达到总体优化的目的。

四、程序教学模式在高校体育教学中的实践创新——程序—时空认知教学模式

程序教学模式作为一种有效的新型教学模式，能够改善并促进体育教学的不断发展。当前不少体育教师为了更好地提高程序教学模式的教学效果，提出了程序教学模式与时空认知相结合的体育教学模式，即程序—时空认知教学模式，不断地对程序教学模式进行创新研究并应用于实践中。

（一）程序—时空认知教学模式的概念

时空是一种客观抽象的概念，是万事万物存在的基本属性，能被人们所感知。而认知则是一种主观抽象的概念，是对外界事物的认识过程。时空和认知是人类认知事物的客观和主观的两个方面。人不是被动的刺激物接受者，人脑中进行着积极的对所接收的信息进行加工的过程，这个加工过程是认知过程即人的感觉器官对外界事物带来的刺激进行信息加工的过程。所以时空与认知结合在一起的理解就是：人脑对所感知到的外界事物的存在形式进行信息加工处理的过程。

程序—时空认知教学模式是教师将不同体育技术项目的教学程序与学生时空认知的时空感觉、时空表象，以及时空认知建立、发展和巩固的规律紧密结合在一起，在教学过程中将两个程序结合起来进行教学尝试的教学模式。这一教学模式适用于体育教学训练中基本技术动作的教

学，能够提高教学效率与质量，提高练习成功率，缩短教学时数，对有效提高学生自主学习效果起到重要作用。同时这两种教学模式的有机结合，能充分调动学生学习的积极性和主动性，培养学生思维能力、认知能力以及创新能力。另外，在教学过程中把教材分成严密的逻辑顺序单元，使学生对技术的认知和技术的掌握逐步进行，从而降低了教学难度，提高了学生的学习自信心。在教学过程中应对学生的每个反应作出反馈和调整，并及时对错误动作进行纠正，这样连续的信息反馈可以使学生沿着正确的学习方向、按照教学程序的要求以适合自己的学习速度进行学习，不会因为个体素质及基础的差异而影响整体的学习进程。教师对每次的学习情况都应详细了解，从而发现教学程序的不足之处，并及时对教学程序进行修改、补充和完善。

（二）程序—时空认知教学模式在高校体育中的应用

1. 教学程序与时空口诀

教学程序和时空口诀的编制是开展程序—时空认知教学模式教学的前提，它们的合理与否直接关系到教学能否顺利进行，还会影响到教学效果。教师在编制程序和时空口诀时一定要按照程序编程方法，了解注意事项，遵循由易到难、由简到繁、循序渐进的原则。

（1）程序编制方法

直线式程序的编制方法：把一个完整的技术动作分成若干个小步子，也就是有若干个学习目标，学生在学习中掌握了第一个学习目标后，再学习第二个、第三个……按照顺序依次完成全部的小步子后，进行完整的技术动作练习，反复强化巩固，直到熟练掌握为止。

集中式程序的编制方法：学生先学习前几个小步子的内容，当前几个目标掌握并巩固后再进行下一个目标的学习，直到最后完成整个技术动作。

交叉式程序的编制方法：遵循"整—分—整—分—整"的学习模式，即先了解完整技术动作，再学习第一步的内容，掌握了第一步内容后重新学习完整技术，接着再学习第二步，掌握了第二步后再重新学习完整技术，依次类推，直到熟练掌握完整技术动作。

在编制体育技术教学程序时，随着程序的深入，动作难度加大，为了减少给学生学习带来的困难，就要对体育技术动作进行结构分析，剖析出动作的关键点、难点和重点，并在技术上合理地调整小步子。此时可以采用集中式或交叉式的编程程序，让整个技术的衔接更顺利、更完整，也更容易形成正确的动力定型。针对动作的关键点和难点，应着重强调和反复练习，避免形成动作脱节的现象。从结构上可以把一个动作分成若干个小环节，难点就是对于学生来说比较难掌握、难理解的环节，其对学生完成动作的好坏和技评的高低有着重要的影响。关键点和难点有时相同，有时不同。但是重点就复杂了，有时重点就是关键点和难点，有时重点只是一节课堂中所要侧重解决的那个问题。所以，在教学中分清楚关键点、难点和重点对学生的学习效果有很大的影响。

（2）编制体育技术教学程序和时空口诀应该注意的事项

在编制体育技术教学程序时要遵循编程方法，结合体育运动的技术特点、技术结构和内在规律，将运动技术分别分解成几个小步子，再合理重组每一项体育技术的教学步子，形成一个新的教学程序。

在课堂前设计的时空口诀也是根据教学程序的小步子编制的，它的作用就是让学生更好地理解运动技术的时空特征，使学生更快地掌握运动技术。所以在设计时空口诀时一定要结合运动技术的动作要领。口诀要简单明了，便于学生理解和记忆，让时空口诀在辅助技术动作的学习中发挥最大的作用。

在编制运动技术教学程序与时空口诀时，既要考虑其合理性，又要考虑到两种教学模式的特点，必须把这两种教学模式的优点结合起来共同融入教学，才能使教学效果最大化，同时完成提高学生运动技术水平、

加强学生终身体育意识，以及培养学生思维认知能力和自学能力等多方面的教学目标。

编制运动技术教学程序主要是为了让学生更容易掌握运动技术，所以在编制过程中应事先了解学生个体情况的差异，以及对体育运动的认识程度和感兴趣程度，只有在充分了解这些信息后编制出的教学程序才能符合学生的实际，容易被学生完全接受，才能在教学中取得理想的效果。

2. 程序—时空认知教学模式在高校跳远教学中的应用

根据现代跳远技术的特点，结合程序教学模式的编程方法及其特点，同时依据程序教学与时空认知相结合的教学模式在跳远技术教学中教法程序的构建基础，可以制定出跳远程序—时空认知教学模式的教学流程。

第一步，在课程开始前，教师要做好准备工作，分解好教学目标，确定本节课的学习内容，编制学生跳远时空口诀。

第二步，在课程的开始阶段，教师进行常规教学，并教给学生时空口诀，然后进行讲解示范，并让学生观看技术图片，加强跳远运动时空感训练。

第三步，进入自主练习阶段。教师引导学生进行自主练习，通过学生之间的相互交流，互相反馈意见，找出产生错误动作的原因，同时教师根据学生产生错误动作的原因，及时帮助和指导学生改进错误动作，再进行强化练习，以完成技术学习。

第四步，教师对学生进行测试。测试结果分为三种：通过，即学生能熟练地完成技术动作；基本通过，即学生能完成技术动作，但不熟练，动作不连贯、僵硬，必须通过强化训练后才能通过；未通过，即学生不能完成技术动作，需要重新讨论分析教师与学生之间、学生与学生之间的交流，反馈学习过程，找出解决办法。未通过但经过强化练习后通过的，可以进入下一单元的学习；仍未通过的，则必须继续学习，直至学

会才能进入下一单元的学习。

第五步，课程结束前填写时空认知问卷，课后回忆课堂教学程序、手段和自己的感觉与体验。

3. 程序—时空认知教学模式在高校排球教学中的应用

教师采用程序—时空认知教学模式进行教学时的课堂操作可分为以下五个具体的步骤。

第一步，在上课之前教师要关注三点：教材、学生、方法。具体而言，"教材"就是课前教师已经预先编好的教学程序和时空口诀；"学生"是指在课前要让学生记住时空口诀，对排球技术有一个初步的了解，为课堂上的练习提供理论基础；"方法"就是将教材和学生结合在一起，即对技术动作和时空口诀进行动作演练，让学生对排球技术动作建立起正确且完整的认识。

第二步，在上课的开始阶段依然是常规教学模式，教师给学生进行技术动作的讲解与示范，强化学生已经形成的动作时空感觉，从而促使学生进行自觉练习。

第三步，在学生自学自练阶段，教师为了提高学生的自学能力，要引导每一位学生根据自己的能力和水平选择适合自己的学习程序，这样不仅能提高学生的学习兴趣，也能收获更好的学习效果。鼓励学生之间相互沟通、交流意见，互相帮忙找出对方的问题所在，分析原因、解决问题。同时，教师与学生之间也要经常交流，给予学生及时的评价和反馈，纠正其错误动作，强化和巩固正确动作，帮助学生顺利完成课堂目标。

第四步，教师进行主观测试。测试结果可能有三种情况：通过，即学生很顺利地完成动作；基本通过，即学生动作完成得不熟练，还需要加强练习；未通过，即技术动作完成不了或动作错误。针对未通过的学生要重点去抓，他们更需要教师和其他学生的帮助和关心，而且未通过

的学生应该主动找教师和其他学生交流讨论，找出问题所在及解决方法，纠正自身错误动作，强化正确动作的练习，一直练习到通过为止。

第五步，在每一节课下、课前都要填写时空口诀信息反馈表和自评细则表，以了解学生的学习信息和课堂体验情况。

（三）对高校体育教学中程序—时空认知教学模式应用的再认识与建议

1. 对高校体育教学中程序—时空认知教学模式应用的再认识

在程序教学与时空认知相结合的教学模式中，先让学生通过时空口诀的学习，初步建立起技术动作的时空感觉，再将技术动作和时空口诀结合起来进行演练，加强学生对技术动作的认知，使他们形成正确的动作概念和时空表象，降低动作的学习难度，也减少动作的错误率。通过录像、视频等教学手段反馈和强化学生的技术动作，进而达到提高学生运动技术和技能水平的效果。

程序教学与时空认知相结合的教学模式可以将总体教学目标有机分解，很大程度上降低了技术学习的难度，最后将分解的目标再优化组合，更容易完成总的教学目标。除了一般目标以外，程序教学与时空认知相结合的教学模式在课堂教学中，以教师评价、学生互评、学生自评的方式反馈信息，激发学生的思维认知能力，使他们在学习中主动发现问题、分析问题、解决问题，不但提高了学生的自主性，更重要的是培养了学生的综合能力。

2. 对高校体育教学中程序—时空认知教学模式应用的建议

课堂前设计的时空口诀是为了帮助学生理解和记忆技术动作，这是形成正确动作概念的前提，因此时空口诀的设计一定要紧紧围绕动作的技术要领，使口诀简单准确，更方便学生的理解和记忆。

程序教学与时空认知相结合的教学模式将教学内容合理分解，虽然降低了学习难度，适用于不同水平的学生，但在教学中也要采用适当的辅助手段（语言、动作、电脑课件等），充分调动起学生学习的自信心和积极性，更要注意引导学生在练习的同时不断思考，做到学思结合，反馈与强化并存，这样才能提高技术动作的正确率。

在教学程序和时空口诀的编制过程中，不单要考虑教材内容的特点和两种教学模式的优化组合，更重要的是必须结合学生的实际水平，才能编制出合理有效的教学程序。

程序教学与时空认知相结合的教学模式在具体的教学课堂中进行应用时，不能简单地套用程序，也要结合其他教学模式的优点和教学经验辅助教学，这样才能使教学效果最大化。

第三节　高校俱乐部体育教学模式的实践与创新

一、体育教学俱乐部理论

（一）体育教学俱乐部概述

1. 体育教学俱乐部概念的界定

"俱乐部"是指欧美国家的社团或民众进行休闲娱乐活动的场所，也叫"总会"。在我国，"俱乐部"是指各类文化娱乐场所或休闲运动场所。

《俱乐部的经济理论》是经济学家詹姆斯·布坎南（James M.Buchanan）所著的一本关于经济方面的书，其中提到"俱乐部"的基

本特征可以归纳为："在一个特定的区域范围，有一定数量的特定群体，他们有特定的社会关系，这样的区域就是俱乐部。"独立性是俱乐部的基本特征，加入俱乐部的人员其利益一致，并可以获得某方面的满足。

体育俱乐部是一种多元化、复杂的组织形式，因此充分认识体育俱乐部，了解其概念并明确界定其概念对体育俱乐部的实践与创新极为重要。体育俱乐部的构成要素主要是"人"，它是一种社会组织，是开展体育活动的主要场所，具有自发性，是社会基层成员自行组织起来开展体育活动的社团。体育管理部门将体育俱乐部界定为：由企事业单位、社会团体和公民个人利用非政府财政拨款举办的，以开展体育活动为主要内容的基层体育组织。体育俱乐部大体上可分为业余、职业和商业 3 大类。其中，业余体育俱乐部是一种非营利性的、业余的、自愿的、自治的群众性体育组织。

学校作为一个非营利的实体，应归到业余体育俱乐部这一类别中。体育课程既要突出课堂教学，又不能忽视课外活动。在学校中，体育教学通常采用体育俱乐部的形式，教学规律是俱乐部教学的指导原则。这意味着学生可以在教师的指点下，选择自己喜欢的体育课程和授课教师以及合适的授课时间。体育俱乐部教学模式将有着共同爱好，喜欢体育锻炼的高校学生集中在一起，不断完善他们的心理素质和身体素质。在高校内，体育俱乐部的组织场所一般是学校的体育馆或操场，教学目标从素质教育、健康教育出发，每个俱乐部都围绕着不同的体育项目展开，将体育教学、体育娱乐活动、体育经济活动有机地融为一体，切实践行大课程观提出的要求。

2. 俱乐部体育教学模式的特点

（1）明确的培养目标和指导思想

俱乐部体育教学模式结合高校体育教学实用性、多样性、社会性、娱乐性的特点，以终身体育为指导，把增强学生体育锻炼意识，掌握体

育锻炼技能、方法，养成锻炼习惯，提高身心健康水平及社会适应能力作为教学的出发点和归宿。立足"课内增知，课外强身"的指导思想，体现"以人为本"的教育思想，围绕运动参与目标、运动技能目标、身心健康目标、心理健康目标和社会适应目标开展体育活动。

（2）新颖的教学组级形式

俱乐部体育教学模式打破了年级、专业的限制，按学生需求和水平分层教学，教师按项目分不同级别进行教学，这样既发挥了教师的专项特长，又有利于学生获得最佳的情感体验，符合因材施教的原则，是适宜学生全面发展的教学组织形式。

（3）会员制度

会员制要求学生在交纳一定的会费的情况下才能加入俱乐部，享受会员待遇，并以此来维持俱乐部日常的正常运转，这在一定程度上也引导了大学生的体育消费价值观的转变，同时，通过会员制度更有利于教学和管理，提高教学质量。

（4）体育教师的专业特长得到了充分发挥

在传统的体育课中，体育教师要根据教学大纲中的内容，教授不同类型、不同项目的体育课程，但在实际教学中会有些教师感觉到难以胜任，既保证不了教学质量，也影响了体育教师在教学中的主导地位的发挥。通过俱乐部进行教学，体育教师能充分发挥自身专项特长，在学生中建立良好的形象，发挥教师在教学中的主导地位，提高教学质量。课外单项体育俱乐部或一些体育协会的指导教师都是各个专项中最权威的教师，如曾经获得过全国比赛的冠军，这些教师在学生的心目中具有较高的威信，教师的人格魅力也在吸引着学生参加俱乐部的活动。另外，教师之间也充满竞争性。从选课、择师到择教的机制看，学生的选课、择师完全是动态的，学生对教师的择教也是随机的，学生对教师的满意度是教师考核的主要依据，这样反向要求教师不仅要成为某一项目的专家和权威，还要掌握几种体育运动技能。

（5）学生参与教学与组织管理

俱乐部体育教学模式应以学生为中心，注重调动学生的积极性，教师在教学中仍然是主导者，同时也要发挥学生的主体作用。鼓励学生参与教学活动，学生在活动中获得满足感，会更加积极主动地学习。鼓励所有学生积极参与体育教学活动，在这个过程中不仅能培养出具有组织管理能力的体育生，同时也能让学生学到科学的体育训练方法，使他们的能力得以提高。学生将课堂上学到的体育训练方法，在课下进行实践，使科学的训练方法完全为自己所用，能够有效提高体育素养和体育技能。

（6）课内外一体化，拓展体育时空

俱乐部体育教学模式有助于增强学生的体育意识，激发学生的学习热情，能够帮助学生更好地理解体育理论知识。对于教师来说，在体育教学中使用俱乐部教学模式，能够更好地完成体育课程目标。对于学生来说，能够在课堂上学会了体育技能，在课余时间里，利用所学技能进行实践训练，同时，在体育教师、体育专业人士或优秀体育生的帮助下，在参与活动的过程中得到锻炼，并获得快乐。体育俱乐部中的各种体育活动有助于学生提升体育技能，培养良好的身体素质，从而达到课内外融合。

（二）我国高校实施俱乐部体育教学模式的条件

尽管我国与某些国家的经济背景、文化背景、自然环境大不相同，但在体育教育方面存在共识，并面临着相似的体育教育问题。健康教育是高校开展体育教学的重要因素，高校体育教育要重视学生的发展，以提高学生身体素质、培养学生综合体育能力为目标。因此，在体育教学中引进其他国家成功教育经验时，还要考虑其适用性，根据我国的体育教学特色适当改进他国的教育经验，再引入。同时也要考虑学生参与体育学习的积极性，确保学生在完成体育课程后能够真正掌握实用的体育

训练技能，这样才能为他们以后从事体育方面的工作作好准备，这也是高校体育课程改革的要点所在。

1. 经济背景

我国的经济正在持续增长，经济总量也在不断扩大。随着经济发展，政府对教育和体育方面的投资也随之增加，高校体育俱乐部教学模式也因此得以在高校中顺利实行。

2. 文化背景

中国特色文化源远流长，中国的文化在理念、内容、方法等方面都对中国体育课程产生了深远的影响。体育课程是随着文化历史发展而形成的，并成为文化的一种表现形式。中国文化思想贯穿了中国体育课程的方方面面，体现了和谐全面观，并始终保持着这一价值取向。我们需要将中国文化的深厚底蕴融入体育俱乐部教学中，以此创造出具有文化特性的体育教育。

3. 自然环境

中国地域辽阔，地形各异，气候多变，这使我们可以根据不同地形地貌，充分利用平原、山地、丘陵、盆地、高原等地形进行各种体育活动。科学地选择、利用以及适应地形变化和地势特点开展体育教学，有助于呈现体育教学地域特征。南方高校可以利用地理优势和气候条件，为学生开设龙舟、游泳、赛艇等水上体育课程，而北方高校则可以在冬季组织滑雪俱乐部、溜冰俱乐部等。

4. 校园体育文化环境

校园体育文化包括与体育文化相关或有紧密联系的校园文化内容。校园体育文化可以指引学生参与和关注体育，从而在校园内形成一种体

育文化氛围。这种现象主要受到以下几个方面的影响：校园内体育活动的开展情况、基础体育设施建设水平、竞赛活动开展情况和参与者数量以及参与者的积极程度。受校园体育文化熏陶，学生可以更深刻地理解体育的重要性，并积极参与体育锻炼活动，这为学生今后的健康发展提供了有力保障。校园体育文化建设与体育教学俱乐部有着密切的关系。校园体育文化的涵盖面广，不仅包含体育课堂教学和课外体育活动，还体现在学校任何地方，如寝室、食堂等场所开展的体育活动。校园体育文化与俱乐部体育教学模式的结合可以带动学校体育活动的开展，丰富学生平时的文化业余生活，最重要的是能够对学生体育习惯及终身体育意识的养成起到不可磨灭的作用。

二、高校俱乐部体育教学模式的实践创新——弹性体育教学俱乐部模式

因为中国国土辽阔，各地区社会发展水平不同，受经济、文化、教育水平的影响，各地区对体育教育的认知也大不相同，除了受学校地理位置、实力力量的影响，各地的体育教育水平也与校园内的场地、器材设施有关，这些因素也同样影响了体育俱乐部教学模式在高校的开展情况。因此，根据各地不同的情况，在对大课程观进行充分解读的基础上，对体育俱乐部教学模式进行优化整合，形成新的体育俱乐部教学模式——弹性体育教学俱乐部模式。

在对原有俱乐部模式进行优化改良的基础性所形成的弹性体育俱乐部有许多新的优点，它遵循"终身体育""健康第一"的教育理念，完美解决了俱乐部教学模式在实施过程中遇到的各种问题，符合我国体育课程改革的要求。弹性体育教学俱乐部模式在实施过程中，可实时变动，具有更大的操作空间，能够更灵活处理各种问题。

（一）弹性体育教学俱乐部模式的构建基础

基础现实差异、教育理论和课程政策构成了弹性体育教学俱乐部模式构建的主要基础。

1. 现实差异基础

我国与国外在社会环境、经济状况、文化背景、教育条件和水平等方面存在着明显的差异性、特殊性和不平衡性。而把体育教学俱乐部放在我国这样一个幅员广阔、人口众多的环境下，各个地区的社会环境、经济状况、文化背景、教育条件和水平同样具有差异性、特殊性和不平衡性。正是这些差异性、特殊性和不平衡性对体育课程提出了不同要求。因此，弹性体育教学俱乐部模式的构建，必须在对各个地区现实的基础上进行认真研究，以切实增强体育课程对地区的适应性。我国不同地区的差异进一步导致了学校之间的差异，甚至同一地区的学校也可能存在着差异性，这些差异主要体现在培养目标、师资构成、场地器材、教学条件和学生的体育基础上。因此，弹性体育教学俱乐部模式的构建，必须考虑到学校之间的差异，以增强体育课程对学校的适应性。

2. 教育理论基础

如今，世界各个角落都在进行课程改革，其改革的目的基本一致，都是平衡生活世界和科学世界的占比。由于科学技术的不断发展，人们更偏向于科学世界，而忽视了生活世界的重要性，课程改革就是为了将人们重新拉回生活世界。当这样的课程改革理念影响到体育教学时，高校就应该将"主体教育观"作为体育课程改革的核心思想。

"主体教育观"所遵循的两个主要理念分别是：首先，教育应当承认人是自由的主体，在尊重人的主体性的前提下，不断提高人的主体性，

使之具有自我决策的能力。人际关系应该建立在平等的基础上，教育应该培养具有交互主体关系的人。在教育中，教师和学生互动交流，形成共同体。教师与学生之间相互影响、相互学习，那么教师和学生之间的关系就是交互主体的关系，教育以培养具有主体性的人为最终目的，而师生之间的交往互动就是达成这一目的的过程。其次，教育应该与生活世界相结合，在这种情况下，教育才会在社会中占据主体地位。在弹性体育教学俱乐部模式下，需要以"主体教育观"为教育原则，以学生为教育主体，通过教学内容、教学手段、教学过程的合理设置促使学生参与教学活动，从而真正做到让学生成为学习的主导者。

3. 课程政策基础

要以大学生的身心发展特点为依据开展体育教学，根据教学大纲和教材制定适合的教学内容，同时也要考虑学生的年龄、性别特征。另外体育教学也会受到地理特征、环境因素、气候条件的影响，因此，教师在组织体育教学时应根据实际情况灵活选择教学方式。学校要定期考察教师安排的教学内容是否对学生的健康成长有实际效果，为大一新生安排的教学内容要与中学体育课程内容相协调。在规划课程内容时，要充分体现本学科最新的进展和成果；课程内容的设计应以学生为中心，基于学生的兴趣，在充分考虑学生的身心发展特点的基础上合理安排课程内容。同时，还要兼顾学生的个性发展需求和社会发展需求，为学生提供更好的课程内容，以便学生能够自主学习和自我提高。课程内容应体现我国传统体育文化，同时融入国外优秀的体育文化。

（二）体育教学俱乐部弹性化的含义

弹性化的体育教学俱乐部完全符合体育课程改革的要求。它是多种因素协同作用、相互融合的产物，体育教育现象复杂而多元，需要从多个方面揭示弹性化丰富而深刻的内涵。

1. 体育教学俱乐部的发展向度

这是从宏观上对体育教学俱乐部弹性化作出整体性的分析。体育教学俱乐部弹性化作为体育课程发展的一种运动过程，从宏观上体现了体育教学俱乐部课程模式不断完善和发展的动态过程。

2. 体育教学俱乐部的项目向度

这是从体育课程编制具体项目向度对体育教学俱乐部弹性化作出局部性的分析。

（1）体育教学俱乐部管理弹性化

采用弹性化的管理模式，使体育教学俱乐部的课程规划和管理不再局限于学校的统一计划中，而是可以依据实际情况进行灵活决策和调整。这种管理模式提倡多元化管理和民主化决策，有利于推进体育课程的多级管理，从而促进体育教学俱乐部的可持续发展。

（2）体育教学俱乐部目标弹性化

针对不同的地区差异、社会需求、学校办学特点和学生个性化差异，高校选修体育课程应具有灵活性和适应性。由于这些差异存在，所以体育教学俱乐部的课程目标应根据不同地区、不同学校和不同学生的实际情况进行适当调整，以达到弹性化的教学目标。

（3）体育教学俱乐部内容弹性化

各高校可根据所在地区的实际教育水平、经济状况、文化特点，自行选择合适的体育教学俱乐部课程内容。同一地区的不同高校也可根据自身的实力、办学特色、师资力量以及学生的实际情况等选择俱乐部教学的课程内容，至于学生本人，也可以根据个人需要，选择自己感兴趣的俱乐部教学课程内容。上述课程内容的选择方式均体现了体育教学俱乐部的弹性化特点。

（4）体育教学俱乐部实施弹性化

体育教学俱乐部在实施过程中具有弹性化特点，实施过程弹性化是指根据学校的办学方针和场地设施，结合教师的专长和学生的实际情况，选择有针对性的教学内容，进行创新性的教学活动，教学过程灵活多变。

（5）体育教学俱乐部评价弹性化

体育教学俱乐部评价弹性化的具体内容包括：参与评价的人员不受限制，既可以是教师，也可以是学生；评估内容更加多样，既可以对学生的体育运动技能进行评价，也可以对学生的上课状况、学习态度进行评价，除了对学生进行评价，也可以对教师的教学质量以及俱乐部安排的课程内容进行评价；教学评价方式丰富多样。举例来说，在评价学生的体育学习成果时，除了期末考试这种评价方式，还可以实地考察学生自编动作的情况，另外也可以综合评价学生日常的小测验成绩。

3. 体育教学俱乐部的对象向度

发展体育教学俱乐部模式是一项以实践为基础的活动，该活动针对不同的体育课程对象而言，在弹性化的内涵上也呈现出差异。

（1）地区

在地区方面，弹性化体育教学俱乐部的实际内涵是指，高校应结合特定地区的经济水平、人文环境制定具有地域特色的体育课程内容，最好以当地的特色体育项目作为俱乐部教学的课程内容。

（2）学校

在学校方面，弹性化体育教学俱乐部的实际内涵是指，高校根据本校的办学特色、教育目标、师资力量以及基础设施和体育场地等因素确定体育教学俱乐部的总目标和分目标，综合考虑学校现有的人力、物力、财力，建设尽可能多的体育俱乐部，增加学生可选择的项目，使学生真

切地感受到体育运动的魅力。

（3）教师

教师的创新思维决定了体育教学俱乐部弹性化程度。如在教学过程中，考虑到学生的个体差异，教师采用分组、分层的创新型教学方法；根据学生身体素质差异，有针对性地安排不同的体育活动；利用空闲时间，单独辅导部分学生，并鼓励他们重拾学习体育的信心。这些都是弹性化内涵的体现。

（4）学生

学生在正确认识自身体育运动能力的情况下，根据自己的兴趣爱好选择加入相应的体育俱乐部，满足自身发展需要，这就是体育教学俱乐部在学生方面的弹性化内涵。

（三）弹性体育教学俱乐部模式的发展思路

基于现有体育教学俱乐部模式的成功经验，以上述理论基础为依据，本着整体、系统、综合的设计原则，从管理机制、决策机制、教学机制和具体运作方式四个方面来发展与创新高校体育教学俱乐部模式。

1. 弹性体育教学俱乐部模式的管理机制

弹性体育教学俱乐部模式意在建立一个体育活动具有一定伸缩性的管理制度。

（1）外部管理

制定管理制度涉及学校的方方面面，所以仅靠学校的体育部门去管理是不能解决众多问题和矛盾的，需要学校的各部门共同支持与配合。学校应制定《大学生体育教学俱乐部管理条例》，并使之成为管理基础。在管理条例中要明确体育教学俱乐部的管理方针，加强学校对体育教学俱乐部的宏观管理，同时要使校团委、体育部（室）、大学生体育运动委

员会、学生工作部等部门参与到体育教学俱乐部的管理中，形成齐抓共管的局面。

对于管理体制、规则制度相对比较健全完善的高校，要强化以体育教学俱乐部的管理体制，让学生能够在俱乐部活动中得到锻炼和提高，真正实现"学生积极参与，学校尽力配合"的管理功能；在管理方面真正做到走"自我管理、自我发展、自主运作"的发展道路。发展相对落后的高校，还应加强学校的管理功能，因为现行体育教学俱乐部的运作起初主要由学校来推行，今后的俱乐部管理工作应该逐步放给学生，让学生进行全方位的管理，这有利于学生适应能力、管理能力、组织能力的培养，促进其综合素质的提高。

（2）内部管理

由于参加体育教学俱乐部的学生的身体素质及运动水平参差不齐，所以建立健全俱乐部内部的规章制度、加强内部管理是非常有必要的。但在具体的实施中不能完全依靠学校的管理，要具有一定的灵活性，真正让学生的主体地位在体育教学中得到发挥。但就目前而言，还没有一套健全、成熟的俱乐部模式教学的管理体制，各高校应按照自己对俱乐部的理解，结合学校的实际情况制订适合自己的管理办法，也不宜照搬国外的管理模式，因为国外的俱乐部管理都是松散的，不符合我国的国情。对此，可以实施弹性管理，充分发挥教和学的积极性，提高教学质量。

体育教学俱乐部要建立有效的弹性内部管理机制，制定俱乐部长期有效的管理制度，在规章制度规定的范围内进行俱乐部教学、运动训练和运动竞赛。要抓好俱乐部的内部管理，可从以下三方面着手。

① 制定切实可行的弹性管理目标

体育教学俱乐部要制定管理目标，而这个目标是由管理者和会员共同制定的。俱乐部的管理目标要与本地区和本校的实际情况相符合，与学生的实际相符合，目标应具有实用性、可操作性和合理性，同时要具

体化。例如，学生会员的出勤率应该达到多少，有的大学规定，学生必须参加体育俱乐部活动并达到 70%以上的出勤率，才能认定为体育课合格。

② 加强人力资源管理

体育教学俱乐部的参与者是学生，各种措施都是为了提高学生对体育的参与性，充分发挥学生的个性和才能，特别是学生骨干作用的发挥，给学生一个展现自我和发挥的平台，有利于俱乐部的顺利开展。如在比赛中让学生担任裁判等。

③ 完善激励和约束机制

激励的目的是促进人锐意进取，而约束则是使人循规蹈矩。在遵循以人为本的理念下，引入竞争机制，制定科学的管理制度和措施，奖勤罚懒，奖优罚劣，可以调动学生学习的积极性。对于在不同级别的比赛中取得名次的学生，给予适当的奖励，如给予一定的物质奖励，或课时等考核可适当放宽，只要达到学校规定的考核要求即可；对于参加校队训练的学生，也可放松对其必修课时的限制。例如，某一俱乐部的某位学生参加全国大学生运动会比赛，获得前六名的成绩，其体育课成绩的基数可为 90 分，而对于那些参加训练但没取得名次的，其体育课成绩的基数可为 75 分。但对于在俱乐部活动中表现极差的学生会员，要及时地批评和教育；对于屡教不改的学生会员要给予相应的纪律处分，并做好其思想工作。

2. 弹性体育教学俱乐部模式的决策机制

（1）经费筹集

俱乐部要正常运作，必须有一定的资金作为保障。而学生作为消费群体，不能让他们来承担俱乐部运作的所有费用。为实现教学俱乐部的正常运作，根据各地区高校开展程度的情况，将弹性体育教学俱乐部经费筹措办法总结如下。

① 政府拨款

依靠政府投资办学仍是我国体育教学俱乐部运作的最主要的方式。高校经费主要来源于国家财政收入，财政收入又与经济发展水平高度相关。因此国家和地区经济发展水平越高，就越有可能投入更多的教育经费。学校可积极寻求政府的支持，各级政府也可根据客观情况适当增加财政预算，加大对高校体育经费的投入力度。

② 筹措体育发展基金

每年学生入学交纳一定数量的资金（根据各高校实际情况而定，成立俱乐部发展基金），各俱乐部可利用这部分经费进行日常开支，当学生毕业离校时，再将这部分资金如数地返还给学生。如新生入学时就每人交纳 100 元的会费作为俱乐部的周转资金，毕业时再退还给他们。如以平均每年招新生 5 000 名计算，4 年可收取活动周转资金 200 万元，除去学生大四毕业时退还的 50 万元本金外，可实际用于周转的资金为 150 万元。这样就大大减少了学校在体育方面的开支，同时又为俱乐部自身的发展提供了物质保障。

③ 争取社会赞助

在俱乐部运作过程中，鼓励各俱乐部自己外出寻求赞助或参加各种比赛、表演，利用品牌效应使更多的企业投资于俱乐部的运营。同时，还可积极争取校办企业和校外企业的赞助。企业赞助为高校体育的收入开辟了道路，各俱乐部可以经常代表学校参加各种比赛，对于赞助及比赛奖励所获得的资金，一部分可以用于俱乐部的日常开支，另一部分上缴学校成为发展基金。

④ 获取捐赠

捐赠也是体育教学俱乐部获取资金的一种方式，捐赠资金主要来源于大型企业、社会人士以及校友会。校友捐赠较为常见，一些高校学生在毕业以后事业有成，会根据自身经济状况，在力所能及的范围内为自己的母校捐赠财物，助力学校体育事业向更完善的方向发展。社会各界

的捐赠有可能是金钱也有可能是物品，如体育设施、设备等，高校应一视同仁，一一接受。在某种意义上，它可以和政府拨款一起，作为一种重要的资金来源，以有效地缓解我国体育资金短缺的问题。

⑤ 充分利用学校的场馆、器材

学校的各种体育设施和体育场馆可在周六日或节假日向社会大众收费开放使用，这样做不仅能有效利用学校的体育场馆和体育器材、设备，丰富人们的业余生活，还能将所得收益投入体育教学俱乐部建设。

⑥ 创办经济实体

体育教育俱乐部以学校为基础，但条件成熟的高校也可以面向社会，成立商业实体。例如，为学校的教师和其他教职工提供运动器材和运动服饰，不仅满足了学校教职工的运动健身需要，同时也为俱乐部的发展带来更多的收益。

⑦ 自我融资渠道

充分发挥高校体育场馆和体育设施以及体育专业教师的价值，为社会团体、各种单位举办娱乐体育活动提供场所、设施和人员，同时为社会各界人士提供健身娱乐场所，这不但能促进企事业单位体育竞技精神的发展，同时也能提高全民身体素质，在此基础上创造盈利收入，用于建设体育教学俱乐部。

（2）场地、器材

开展体育教学俱乐部课程，需要宽阔的体育场地和完备的体育设施，体育教学俱乐部的数量、占地面积和参与人数会影响学生体育学习状况，办学条件好的学校，往往拥有专业的教师团队、宽阔的体育场和高质量的体育设施，而一些办学条件一般的学校，通常在体育场馆、体育器材、体育专业教师等方面存在不足，在开办一些参加人数较多的俱乐部时，如羽毛球俱乐部、健美操俱乐部、网球俱乐部时，往往会受到诸多限制，学生无法在俱乐部中得到真正的体育锻炼，影响学生的身体素质发展和参与体育俱乐部的积极性。

高校可从两个方面处理场地和器材问题。

一是高校应加大力度完善体育场馆和体育器材，校领导要综合考虑各方面因素，切实提高体育教学俱乐部的实际教学效果，从场地、器材可持续发展和循环利用出发，尽量多地建立新的场馆，购置更多的器材，这样才能为体育教学俱乐部的发展创造条件。

二是要根据学校目前的办学实力，完善场馆内的器材、设施，充分挖掘各体育场馆的潜能，将其体育价值发挥到最大，并根据本地区的具体情况，因地制宜，使场地、器材得到充分利用。修建新的体育场馆需要投入更多时间和金钱，在修建期间，学校可以在其他已有场馆开展体育俱乐部教学活动，根据可持续发展和循环利用的指导原则，实现一馆多用、一物多用，充分利用现有资源开展体育教学俱乐部，比如循环利用篮球场开展羽毛球教学或排球教学；体育设施栏架也可以开发出多种其他功能，如可用作足球球门、跨栏、钻越的障碍等。一些体育运动对场地、器材的要求并不高，只需一块空地就可以开展体育教学俱乐部，如键球运动；排除天气因素的干扰，一些体育运动也可以校内空地上进行，羽毛球运动就是其中的一项。

（3）教师队伍建设

从某种意义上说，弹性化是指体育教师在开展体育教学俱乐部时的教学创造。高校要加大教师培训力度，在对体育教师的专业技能进行培训的基础上，引入先进教学理念，开拓教师的创新思维，满足俱乐部模式的创新发展。同时体育老师要树立终身学习的理念，不断拓宽自己的思维，努力学习各种体育知识，丰富自身的教学内容，完善自己的教学方式，高校教师只有自身综合素质扎实才能顺利开展体育俱乐部教学。因此，体育主管部门可以采取如下措施来加强俱乐部师资建设。

① 加强教师对体育教学俱乐部的认识

高校在开展体育教学俱乐部时，雄厚的师资力量是必要的前提条件。高校教师队伍必须有专业的体育知识和体育技能，同时对体育教学俱乐

部有深刻的认识和独到的见解。研究表明，一些体育教师对体育教学俱乐部的理解有所欠缺，并且一些高校现有的体育俱乐部只是换汤不换药，仍然按照传统的教学模式授课。这种现象明显地制约了高校体育教学改革的推进。因此高校可以加强教师职业培训，加深他们对体育教学俱乐部的认知、理解，并改变其教学方法和观念，使高校建设的体育俱乐部能够真正发挥作用，切实提高学生的身体素质。显而易见，体育教学俱乐部成功建设离不开教师队伍的努力，教师要样样精通，除了对自己最擅长的运动项目精通之外，还需要另外掌握两个体育项目，拓宽自己的技能范围，使学生在加入体育俱乐部后能够学到真本领，掌握实用技巧。因此，体育教师需要具备多种技能。

② 完善师资配置

师资力量是体育教学俱乐部模式最重要的影响因素之一，必须注重量与质的有机结合，俱乐部教学模式中教师的年龄、性别、职称、学历以及专业结构要有科学合理的分布，体育俱乐部中教师在数量和质量上的合理配置，能够在一定程度上提高教学质量，完善的师资配置能够推动俱乐部模式在体育教学中的实施。但是，在实际教学中，教师的年龄、学历、职称和专业分布都不在合理范围之内。

为此，各地高校要结合本校的实际情况，对体育教师队伍配置情况进行持续改进，尤其要注重对教师的评价，推行竞争机制，实施动态管理。从总体上看，体育教师队伍应形成梯次型、互补型、实用型、复合型，以适应学校各项体育工作的需求。

第一，学校体育教师人数应与学校体育俱乐部的课程设置相适应。体育教育俱乐部课程的实施，不仅会在课堂上进行，还会在课外进行体育训练、体育比赛等活动。只有专业的体育教练员才能胜任这项工作。在授课老师的时间安排方面，大学体育老师平均每周授课 12 次为宜。在开展课外体育活动、体育比赛时，可以充分发挥学校的师资力量，并鼓励学校体育教师参与课余活动。体育教师培训方面，一所学校一般有 3～

5 支专业体育教师团队，田径、游泳等专业需 4 名教师，其他各专业则需 1～2 名教师。每个专业一周三到六次课，一次两节课。在 1 万名学生中，应有 35～45 名教师授课。从学校的实际情况来看，如果现有的师资力量不够，也可以聘请校外的师资力量来解决。这些老师可以是退役的职业教练、优秀的运动员，也可以是其他学校经验丰富的老师。

第二，学校体育师资队伍的构成应符合俱乐部课程设置的要求。从年龄构成上看，高校师资的构成呈现出年轻化趋势，也有部分中、老年教师；年轻的教师们可以利用他们的冲劲，多做一些事情，多去实践；年长的教师可以利用其丰富的经验，对青年教师进行更多的教育和指导。要引进高学历人才，尤其是硕士学历及以上的人才，以充实教师队伍；在课程设置上，教师要掌握多种运动项目的知识，比如武术、排球、篮球、乒乓球、足球、田径等传统体育项目，还有健美操、体育舞蹈、健身运动、网球、跆拳道、防身术等。同时也要掌握一些新发展起来的运动项目，如蹦极、越野、潜泳等。另外，要加强教师知识结构建设，从外校聘请专业体育教师，使教师层的知识结构互补。不同的体育院校，因培养方向、课程设置、专业背景和教学方式的不同，其知识结构也存在着一定的差别。从不同专业毕业的学生也可以获得不同的资讯，实现优势互补、取长补短。大学教师的职称结构分为助教和讲师、教授和副教授多种级别，合理配置不同职称的教师是开展俱乐部教学的重要因素。教师队伍的性别分配要与上课学生的分配比例趋于一致。

③ 强化教师的职后教育

为不断提高高校体育师资团队的教学实力，需要对教师开展职后教育。在体育教学俱乐部模式下，教师需要持续学习、终身学习，提高自己的综合实力，包括体育专业教学能力、课堂教学管理能力、科研训练能力等，自身素质得到提高的同时，也能推动教育教学向前发展，有利于推行体育教学俱乐部模式。从根本上解决教师的培训工作，使教师的培训没有金钱和物质方面的后顾之忧，同时，教师也要遵守规则，在不

改变制度要求的基础上积极求变，不断创新。

A. 体育教学俱乐部教师的职后教育的形式

岗前培训、研究生学历补偿教育、高级研修班、高级研讨班、高级访问学者等都可以成为体育教学俱乐部教师培训的主要形式。

B. 体育教学俱乐部教师职后教育的方法

学校应加强师资队伍建设，以提高教师教学水平。职后教育是必不可少的，具体可从以下四个方面入手：一是在职进修，即参加各种社团进修班、俱乐部短训、俱乐部入职培训、高级研讨班、体育专业领军人物研修班、聘请国外经验大师来校演讲等。二是脱产进修，即选拔出优秀骨干教师到高校接受更高层次的教育，攻读硕士、博士学位，以提升学历水平。三是充分调动老教师的积极性，鼓励他们帮扶青年新教师，加强对青年教师的业务指导，以"老带新"的形式开展，并有针对性地组织岗前培训，提高青年新教师的专业素质。四是个人自主进修。教师可以选择体育科研方向中有针对性的项目进行研究，这是一种自我学习的途径。

青年教师是高校发展的中坚力量，要运用体育教学俱乐部模式就要把青年教师的教学和研究潜能都发掘出来，在青年教师的培训中，指派一名有经验的老教师，指导青年教师快速开展工作、了解自己的工作特征、提高教学质量。培养青年教师的各项能力，包括体育专业技能、教学技能、教研技能等。由教学经验丰富的老教师担任青年教师的指路灯，让青年教师在接触体育教学的过程中掌握科学的教育方法和正确的教学理念，不断积累教学经验，从而逐渐成为学校的教学和研究的骨干精英。在培训过程中，要以鼓励和表扬为主，并采取相应的激励措施。

3. 弹性体育教学俱乐部的教学机制

（1）指导思想

① 宏观指导思想

要遵循体育学科自身的特点和大学生身心发展规律，突出素质教育，

以学生的健康发展为中心，以体育教学和群体活动为基础，全面推进学校学生体育工作。

因此，体育教学俱乐部要确立全面育人、健康第一、终身体育和身心协调发展的指导思想，追求体育教育的综合性和终身性。

② 具体指导思想

高校的体育课程应把握好三个方面，即体育课堂教学、课外体育活动以及校园体育文化，大学体育课程应包括体育课堂教学、课外体育活动和校园体育文化氛围三部分，将大学体育教育延伸到高等教育的全过程，要将体育课堂教学显性课程与课外体育隐性课程作为整体来考虑。以体育教学俱乐部为中心和主线，鼓励学生参加体育活动，在体育实践中增强体质，掌握 1～2 项运动技能，体验运动的乐趣，培养自我锻炼的能力，养成锻炼的习惯，为终身体育打下良好的基础。

（2）目标体系

① 课程总目标

普通高等学校要根据自己的办学特点，制定基础教学目标和发展教学目标，开展体育教学俱乐部教学模式。体育教学俱乐部的弹性化教学存在"弹性区间"，弹性发展既要考虑各地区的经济、教育水平，也要考察各高校的教学目标、师资力量和办学实力。另外还需要注意，不同的学生身体素质各不相同，在体育学习中也会表现出差异性。上述因素综合作用，会引起预期目标与实际结果之间的差异。以多数学生的发展为基础制定基本目标体现了学校体育教学目标的强制性；以部分优秀学生的能力发展为培养方向制定发展目标，体现了体育课程教学目标的自由度。

以多数学生发展为基础的基本目标具体如下。

A. 运动参与目标

为学生创造参与各种体育运动的机会，建议学校每周为学生安排 2～3 次的体育活动，帮助学生养成良好身体素质和自觉锻炼身体的习惯，

鼓励学生制定个人参与体育运动的计划表，并坚持实行计划表，培养学生持之以恒、坚持不懈的精神。

B. 运动技能目标

鼓励学生拓展体育技能，每位学生至少掌握1～2个体育项目，从中学到正确的健身技巧和训练方法，将熟练掌握的体育项目发展为自己的专长，在教师的指导下，掌握科学的训练和运动方法，提高自己的身体素质，另外由于体育活动的特殊性，学生有意外受伤的风险，因此学生要学会处理常见运动损伤。

C. 身体健康目标

要准确判断自己的身体健康状况，掌握科学的训练方式，饮食上选用有营养的食物，增强体魄。

D. 心理健康目标

体育锻炼有助于改善学生的心理状态，帮助学生健全人格、个性，在体育锻炼中学生变得热情开朗、自信大方，学生在运动过程中体会到乐趣同时也掌握了调控情绪的方法。

E. 社会适应目标

体育活动非常锻炼一个人的团队协作能力以及人际关系处理能力，同时竞赛类体育活动还能锻炼学生的竞争能力和适应能力。

② 发展目标

发展目标针对的人群是部分学有余力的优秀学生，也可以是多数学生的高阶目标，可细分为如下目标。

A. 运动参与目标

自觉参与运动训练，自主制订个性化运动计划，并能坚持执行，对于体育文化素养的要求较高。

B. 运动技能目标

掌握科学的训练方法，自觉提高自己体育运动技能，在一些运动项目上与国家级运动员水平相差不大，具有组织专项运动的能力，且能够

加入富有挑战性的户外运动。

C. 身体健康目标

能选择适宜运动的环境，全面发展体能；掌握评价自身健康状况的方法和手段，并能有针对性地进行自我监督。

D. 心理健康目标

在艰苦的训练环境中拥有一般人所没有的超强毅力，能够客观地评价自己的心理状况是否健康，在出现不良情绪时能够合理调节。

E. 社会适应目标

表现出良好的人格魅力，主动与他人建立人际关系；适应能力强，能够及时调节自己的心态，保持身心健康。

③ 阶段目标

体育教学的最终目的不是"为了教而教"。在高校体育教学过程和课外活动中，学生都在逐渐成长，从一开始的完全不独立，到后来的渐渐独立，发展到最后的完全独立，学生的独立自主能力越来越强，而老师的作用却在逐渐减弱。体育教学俱乐部的阶段性目标应由"短期"与"长期"两部分组成，即"技术""运动态度与行为习惯""终身体育观念"。也就是大学生要实现从"要求健身"到"主动健身"到"学会健身"的过渡。

（3）教学大纲

教学大纲的弹性化，是指各实施体育教学俱乐部的普通高校在全国统一教学大纲的指导下，结合学校的培养方向、学生和学校的发展需求以及学校的具体条件和实际特点，如学校情况、学生情况、体育教学条件（包括场地、设备、器材等物资环境）、校园文化背景、体育氛围以及学生的生源背景（包括学生来源和不同学生的职业准备等特点）等，每个项目设置高级、中级、初级三个级别，编制每个级别的教学大纲。同时，还要充分认识高校体育与中学体育的衔接问题，以及为学生终身体育打基础这一实际需要等问题。

（4）教学内容

弹性化的教学内容，是指不同地区和高校灵活选择教学内容，不同地区可根据本区域的地理位置、经济水平、教育状况、文化习俗设置相应的教学内容；各个高校可以根据本校的办学理念、综合实力、教学条件、师资及生源情况，制定出有利于本校持续发展的教学内容。可以在原来的选课方式上，采取"适度弹性选授课"制度，这就要求教师在能够完成规定的教学任务的情况下，根据教学场所和教学设施，安排一系列趣味活动，以保证学生参与教学活动的积极性，同时也给学生一定的选择权。

体育俱乐部教学在设置教学内容时，不能仅以运动技术为中心，构建现代化教学内容，实现以体育动机和方法以及经验为核心的教育，践行以学生为中心的教育理念，重视学生的身心发展，削弱技能培养，大力发展学生的体育综合能力，增强学生锻炼身体的意识，鼓励学生养成良好的锻炼习惯，这就是新的体育教育内容。具体教学内容会在社会、学生以及学校的发展过程中不断调整和扩充。增添趣味化教学内容、完善非竞技体育项目、注重教材内容的创新性和健身性、增加基础知识占比，这些都是教学内容的调整方向。学校对各种体育项目进行多方考察，选出学生易于理解、简单易学和感兴趣的体育项目，打拳类运动如太极拳、长拳，球类运动如羽毛球、排球、篮球等，这些运动有实用功效，能够强身健体，并激发学生的学习兴趣。在教学内容安排上，体育教师也可以跟随时代发展进行拓展，除了在课外安排一些与教材内容有关的项目外，还可以积极开发新体育项目，如户外越野、野外求生训练等项目。我国传统民族体育项目如璀璨明星点缀着中华传统文化，因此在安排教学内容时，也应考虑加入民族体育项目，这不但能提高学生的学习热情和探索欲，而且有助于学生了解中华传统文化的特色。

（5）教学组织形式

弹性化的教学组织形式要求学校和教师基于学生的学习能力和个性

化差异开展体育教学活动。合理的教学组织形式对于教师来说，有助于提高其教学质量，对于学生来说，有助于提高其学习效率，完善其个性发展。

① 打破年级班组问题

在体育教学俱乐部模式中，各方教育专家一直对教学组织形式存在不同意见，按年级、班级形式组织教学是大部分教育专家一直推崇的教育形式。同一年级的学生在年龄和身心发展规律上都有一定的相似性，如果将不同年级的学生组织到一起上课，对教师来说难以安排统一的教学内容，教学方法也因学生的年龄、身心特点不同，难以发挥实际作用。除此之外，受教师教学水平和上课时长的限制，教师无法兼顾每个层次的学生，这势必会影响教学质量。不过，将不同年级的学生组织到一起上课也有一定的可取之处，高年级的学生身心发展相对成熟，有前期积累的基础知识作支撑，学习新知识相对较快，这为低年级的学生起到表率作用，另外，高年级的学生可以帮助低年级的学生更快进步，这些体育技能精进的学生可以成为教师的得力助手。同时，低年级学生受高年级学生的影响，也会更加努力地提高自己的体育技能水平和身体素质，这能够在学生之间形成良性的竞争机制，同学之间赶帮超氛围浓厚。

② 男女生合分班问题

按性别分班上课也是一种组织教学的形式，教育专家对这种男女分班或合班的教学形式也尚有争议，总的来说，男女合班上课或分班上课各有利弊。从社会学角度看男女合班的教学形式，是利大于弊，合班形式更人性化。根据运动项目的具体特点来选择合班还是分班，比如舞蹈本来就需要男女搭配来完成各种动作，因此舞蹈项目适合男女合班教学，这种需要合班的体育项目能够调动学生学习的积极性，锻炼学生的配合能力，在教师的指导下，男生和女生各方面的能力都能得到综合提高。

另外还有一些体育项目适合采用男女分班的形式授课，如篮球运动对身高、弹跳能力要求较高，一般适合男生学习；健美操动作优美、细

腻，一般适合女生学习，因此在一些特殊的体育项目授课中可采取男女分班的组织形式，这有助于激发学生的学习兴趣。教师在组织教学时，要根据所教授的体育项目的特点选择适宜的教学形式，男女分不分班要看具体的项目特色。

③ 分层教学问题

每个人的成长环境、生活背景和基因都存在着很大不同，因此人会发展成有差异的人，这在生理、心理上都有所体现。分层教学主要是根据学生的个性化差异安排有针对性的教学内容，分层教学能够兼顾每个学生，体现出因材施教的教育原则，能够创建高效教学课堂。

具体来讲，分层教学是教师在深入掌握每个学生的学习水平、认知水平的基础上，针对每个层次的学生制定适合其能力特点的课程内容，分层指导学生学习，使所有学生都能在原有基础上逐步提高，挖掘每个学生的潜力，使其得到最大发挥。

分层教学是一种非常有实用价值的教学形式，高校应鼓励体育教师在开展体育教学俱乐部教学的过程中，合理使用分层教学形式，高校教师在充分了解分层教学步骤后才能将其投入使用，具体操作步骤如下：将教学俱乐部的课程分成三个层次，分别是高级班、中级班和低级班。高级班的教学内容难度大，教学进度快，相应的要求也高，需要实现更高的目标，因此高级班适合基础好、能力强的学生；中级班的教学内容适中，适合中等学生；初级班的讲授进度较慢、重复性强、基础知识居多，因此适合基础较差的学生。每个层次都有对应的教学目标，有针对性的教学内容，三个层次之间的知识有一定的衔接性，并且都是经过教师精心设计的，教师根据不同层次学生的身心特点、个性差异设计不同的教学模式，灵活运用分层教学，实现弹性化的教学机制，教学过程中可采用升降级制，具体来说就是，学生在原有水平上取得进步，并且已经达到更高级的水平标准，那么学生可跳入更高一级的俱乐部教学中，相应的，学生在原有级别的俱乐部教学中，难以掌握体育知识，则应该

退到更低层次的教学俱乐部中。这样不仅对学生有激励作用，而且，使教师的教学内容也有所区分。

（6）评价体系

在我国，大部分的大学都受到传统的教育方式的影响，许多高校把更多的注意力放在了学生是否掌握运动技能方面，没有重点关注学生运动习惯的养成，课程评价趋于显性评价，忽视隐性因素。传统的教学评价方式注重评价最终结果，而没有对学生的学习过程作出评价，忽视了学生为体育学习付出的努力，打击了学生的积极性，为此，学校应更新评价方式，制定合理的评价标准，根据学校的实际情况以及学生的具体差异构建客观的评价体系，不仅要注重结果性评价，也要注重过程性评价，制定弹性化的课程评价标准和综合化的成绩考核标准，从而对学生进行客观的评价，从合理的评价中看到学生的个体差异和学生取得的进步。

在俱乐部教学模式中，评价的标准应参考学生的原有水平和学习过程。从多个角度出发，全面客观地评价学生，评价结果以综合反映学生学习过程和学习结果为主。评价内容以学生的技能掌握情况为主，可以适当添加学习表现、学习能力、上课情况等评价内容。评价标准弹性化是指各高校可根据本校的办学情况和学生的实际情况合理安排各个评价指标的占比，针对在高级俱乐部学习的学生，还可以可采用"以赛代教"考核模式，如以参加俱乐部联赛的形式进行考核，其成绩评分标准是俱乐部联赛成绩的 50%。由于采用比赛的模式进行评价，所以实践部分就可以不进行技术考核，采用学生自评、学生间互评各占 20% 和教师评价占 30% 的综合评价体系。

4. 弹性体育教学俱乐部模式具体运作方式

（1）弹性体育教学俱乐部模式的教学与辅导

① 项目设置

弹性化体育教学俱乐部模式要求学校的体育课程项目设置应考虑学

生的身心发展规律，设置合理的教学目标，增加有趣味性的教学内容，丰富教材种类，把握好体育教学与社会生活的关联性，教学方式要灵活多变。课程内容要有地域特征，深入挖掘当地的特色文化，寻找民族特色体育项目，在体育教学内容中适当融入具有民族特色的体育项目。编制体育项目要从学生的实际需求出发，以增强学生身体素质、培养学生良好锻炼习惯为目标。同时也要考虑体育专业学生的未来发展，以增强学生职业技能和社会实践能力为宗旨。体育项目要容易操作、趣味性强，不但要有强身健体功能，还要有休闲娱乐功能。

高校在设置体育理论课程时，应考虑多方面的因素，诸如高校学生身心发展规律、智力发展状况、现有知识水平等，理论课的内容应涉及体育健康、人体科学、人体保健、心理学等多方面的知识。在设置体育项目时，各高校还有一点需要注意，那就是各校体育场馆和体育器材设施的限制性，要根据校内的实际情况设置不受场地和器材限制的体育项目。

② 实践课上课形式

在体育教学俱乐部模式下，教师是指导者，学生是学习的主体，教师只需将教学动作演示好，接下来学生开始自己练习，教师在旁指导即可。实践课上教学的基本形式是：集中教学、分组教学、各部辅导教学。

教师根据学生发展特点和教学大纲，制定模块化教学大纲，灵活把握教学进度。学生除了参加必修的体育课外，每周还要有 1～2 次俱乐部体育活动，教师可以混合使用多种教学形式，提高学生的学习热情，推动学生的技能发展。

③ 理论课上课形式

以往教师在讲授理论知识时，多采用"填鸭式"上课形式，这种授课方式使学生处于被动接受知识的状态，不利于学生对知识的融会贯通，极大地限制了学生的想象空间，甚至使有的学生对体育学习丧失了兴趣。为此，理论教学要独辟蹊径。理论本身就有一定的枯燥性，因此理论教

学的上课形式就要丰富多样，变换理论课的上课形式有助于提高学生学习的积极性，加强学生的理论学习能够使学生的体育锻炼意识得到培养，同时理论学习和实践学习是密切相关、相辅相成的，理论知识是实践学习的基础，实践学习是理论知识的检验，因此在授课过程要注意理论与实践相结合，才能促进理论知识的掌握。具体来说，可聘请相关专家开展专题讲座，在学校官网的体育专栏上不断更新体育知识、上传体育教育视频等。

（2）弹性化课外体育锻炼管理

将弹性管理这一管理方式运用在课外体育锻炼中，使学生在统一要求下，有更多的空间进行选择和管理，更好地发挥课外体育锻炼的实效性。高校课外体育的开展就是满足学生对体育的多方面的需求，它是体育教学俱乐部的补充和延伸，是体育教学俱乐部的重要组成部分。但我国大部分学校体育都存在着课内外脱节、教与学分离的现象。大部分学生把业余时间花在了上网、睡觉、娱乐上，很少学生用在体育锻炼上，学生的体育意识十分淡薄。如何将学生们组织起来参与课外体育锻炼？经过查阅资料，结合我国各地区高校的实际情况，尝试性地就课外体育活动形式问题作如下探讨。

① 课外体育活动开展方式

课外体育俱乐部是课堂教学的延续，要想真正提高体育教学质量和学生的身体素质，仅仅抓好课堂教学是远远不够的。根据体育课内外相结合的原则，组织课外体育活动开设与课内体育教学俱乐部相对应的各单项体育俱乐部，体育俱乐部教练必须由专职体育教师担任，除正常教学课外，还要抽出一定的时间对课外俱乐部进行弹性辅导（每周固定时间进行 2～3 次有专项教师对俱乐部活动进行弹性辅导）。

② 课外体育锻炼课程的内容

课外锻炼内容包括自主性锻炼、单项俱乐部、体育竞赛三个部分，在自主性锻炼中学生的选择空间极大，完全根据自身的现状来自主选择

与调整进行课外体育锻炼的时间与活动内容；各单项俱乐部是体育课堂内容的延伸，根据学生课堂上所选的项目，课下通过学生选择相应的俱乐部来实现；体育竞赛即在不同时期安排各种体育竞赛活动。

③ 课外体育锻炼课程的评价

对学生参加课外体育锻炼课程的评价，是将学生参加课外体育活动的次数和活动的时间作为评价依据。学生可自主选择上述各种形式的活动，参加活动的形式不限，但次数可以累计计算，且每天只计算 1 次，每次需在 30 分钟以上。要求学生在有体育课的学期至少完成 36 次课外体育锻炼，无体育课的学期至少完成 72 次课外体育锻炼，并将锻炼次数与体育学分的获得和学生评优、获奖等挂钩。另外，学生参加课外体育活动的自由是有一定限制的自由，即学生可以自主进行课外体育活动锻炼，但是必须保证一周内除体育教学外，参加俱乐部教学相关的课外体育俱乐部至少 1 次，每次不少于 60 分钟。参加课外体育活动的次数是体育课成绩的一部分，为了有效控制学生的锻炼情况，可以采取锻炼卡的形式，学生在每次课外体育锻炼之前刷一次卡，锻炼结束时再刷一次卡，卡上就会自动记录学生参加课外体育活动的日期和运动时间（30 分钟以内记录成绩为零，30 分钟以上才可以记录成绩）。学期末锻炼卡上交体育部，用计算机进行统计并计入体育课总成绩中。学期体育成绩因课外体育锻炼未达标而不合格者，可以在下一学期补上课外体育锻炼的时间，但补上的锻炼时间不计入该学期的体育成绩。对于下学期补的锻炼时间可适当地减少，可以通过体育训练、竞赛来抵消。如参加比赛，那么可以拿比赛前的训练来抵消课外锻炼的时间和次数限制。对于课外体育锻炼的开展还可以通过辅导员负责制来实现。在辅导员的带领与监督下，保证了锻炼次数，当然锻炼时间也会增多，学生锻炼的习惯也会慢慢地养成。这样就充分发挥了体育教学俱乐部的功能和作用，保证学生能够真正做到 4 年体育锻炼不间断。

第四节　高校多媒体网络体育教学模式的实践与创新

一、高校体育教学中多媒体技术的应用

（一）多媒体教学技术的特征

1. 多维性

多媒体技术的多维性特征主要指的是多媒体教学技术所拥有的对信息范围进行处理的扩展与扩大空间的能力，而此种多维性职能能够变换、加工、创作输入的信息，使其输出信息的表现能力得到增强、显示效果得到丰富。例如，在高校体育教学开展的过程中，利用多媒体系统进行辅助教学，不仅能够保证学生对文本知识的学习，还能使他们在多媒体技术的支持下清楚地观察、了解体育教师的动作演示，使教学效果得到加强。

2. 集成性

多媒体技术的集成性特征主要指的是多媒体技术能够将不同类别的多种媒体信息有机地进行同步组合，如声音、文字、图像等，进而提高多媒体信息的完整性。此外，集成性还存在另外一层含义，指的是对这些多媒体信息进行处理的工具或者设备的集成，包含视频设备、储存系统、音响设备、计算机系统等，总而言之，指的是在多种设备上将多种媒体紧密地进行关联，使文字、声音、图片与视频的处理实现一体化。

3. 交互性

多媒体教学技术的交互性特征主要指的是人和人之间、人和机器之间、机器和机器之间的交互活动，是人和机器进行对话的能力，即使用者同机器之间进行沟通的能力。这也是多媒体计算机系统不同于传统音响、电视机等家电设备的地方。根据实际的需要，人们不仅能够选择、控制、检索多媒体系统，还能播放多媒体信息与组织编排多媒体节目。

4. 数字化

多媒体教学技术的数字化特征主要是指在多媒体计算机系统中，各种各样的媒体信息都以数字的形式在计算机中存放与处理。多媒体技术是在数字化处理的前提下被建立的，例如，以矢量方式储存与处理的图形、以点阵方式储存与处理的图像、以数字编码方式储存与处理的音频和视频。在数字化技术发展的背景下，多媒体教学技术得到了广泛的传播与发展。

除了上述四种主要特征，多媒体教学技术还有其他一些特征，如实时性、分布性与综合性等。所谓实时性特征，主要指的是对于同时间相关的声音与视频信号等的处理，还有人机的交互显示、操作与检索等操作都存在实时完成的要求。所谓分布性特征，主要指的是基于多媒体数据多样性的存在，在不同的时间与空间都会存在它的素材，并且在不同的领域中，它也得到了广泛应用。多媒体计算机系统还存在比较明显的综合性，它不仅能够综合集成各种媒体设备，同时还能够综合集成各种信息，使它们成为整体。

（二）多媒体在高校体育教学中的应用优势

1. 多媒体技术使高校体育教学观念得到了更新

高校体育教学的传统教学模式是以教师的"教"为重心，在高校体

育教学中应用多媒体技术，可以改变高校一成不变的体育教学模式。高校体育教师在学习多媒体技术的过程中，其教学观念也随之发生改变，多媒体技术是一种新型的技术，应发展新的教育理念与之相配，因此教师应及时更新自己的教学观念，只有这样才能更灵活地运用多媒体技术进行体育教学，将多媒体技术应用于高校体育教学中，有助于突出学生的主体地位，学生由被动学习变为主动学习，这体现了多媒体技术下的体育教学理念。

2. 多媒体技术使高校体育教学的质量得到提高

传统教育模式下，无论是理论教学还是实践教学，教师都难以达到理想的教学效果，理论课以讲授为主，实践课以示范为主，这些都不是最佳的教学手段。尤其是在实践课上，受场地、设备等客观因素以及教师专业能力等主观因素的影响，教师展示的技术动作并不是那么规范、标准，同时，简短的动作示范，学生过后就忘，因此很难对学生产生长期的记忆刺激，可想而知，学生根本无法掌握正确的动作要领。

多媒体技术的出现使体育课程的教学方式发生变革，体育课程中一些抽象的概念和难以示范的动作，在多媒体技术的作用下得以具体化展示。例如，电脑可以模拟出一些高难度的体育动作，学生可以在电脑上展开自学。另外在速度型体育技术动作的演示过程中，多媒体技术发挥了极为重要的作用，呈现出更好的演示效果。利用多媒体技术，可以实现高难度体育动作技术的慢动作教学，方便学生模仿和尝试，增强学生对动作的感知能力和敏感度，使学生深入理解体育概念和动作要点，从而显著提高高校体育教学的效率和效果。

3. 多媒体技术使学生的体育学习效果得到提高

将多媒体技术应用于高校体育教学中，可以对学生产生多种感官刺激，尤其是听觉与视觉上的刺激。这种技术使体育学习更加鲜活有趣，

带来更形象、更直观的高校体育教学体验，学生再去理解一些以往难以掌握的动作要点时就容易了许多。多媒体技术有利于丰富高校体育教学的表现手段，其中包括图片、音乐和动画等多种手段。这些表现手段拓宽了体育教学内容的表现形式，营造出和谐的体育课堂气氛。多媒体教学手段能够生动形象地体现出体育教学中的力量美以及技艺美，从而使学生对体育的功能和社会价值有更全面的认知，在体育教学中创造性地运用多媒体技术，可以使学生向往学习、渴望学习、热爱学习，使学生对体育学习产生莫大的兴趣，同时也有助于教师提高教学质量。

二、高校体育教学中微课的应用实践

（一）微课概述

1. 微课的概念

所谓微课，主要是指以视频的方式把教师在课堂内外教学活动开展过程中传授的教学环节或者强调的主要知识难点与重点进行展示的一种新型的教学模式。微课作为一种全新的教学模式，能够使学生的碎片化学习活动随时随地地展开。

2. 微课的组成

对于微课而言，其组成内容的核心就是示例片段，也就是课堂教学视频。不仅如此，也有同某个教学主题相对应的辅助性教学资源，如素材课件、教学设计、练习测试、教师点评、教学反思和学生反馈等。在一定的呈现方式和组织关系下，它们共同营造了资源单元应用的"小环境"。而这里所说的资源单元具有的显著特征是主题式的半结构化单元资源，因此，微课同传统单一资源类型的教学资源之间是有一定差异的，

主要表现在教学设计、教学课例、教学课件与教学反思等方面。同时，微课与上述的这些教学资源之间也存在一定的联系，即微课作为一种新型的教学资源，其发展基础仍是上述的这些教学资源。

3. 微课的特点

（1）碎片化

微课视频的时长一般只有 10 分钟左右，在这 10 分钟内，教师将课程教学过程通过清晰的视频录制的方式进行呈现。一节传统课堂的教学时间是 45 分钟，而原有的段状课程在微课的形式下，逐渐向点状课程转变，课程内容变得更加精练和细致，因此，学生除了课堂的教学时间以外，还可以利用课外其他零散时间，如在排队等待就餐的时候进行学习。所以，微课的显著特点之一就是碎片化。

（2）重点突出

微课具有在有限时间内展示优质教学内容的特点，这就需要教师具备较强的教学能力。在短短 10 分钟的微课视频中，教师既要突出教学内容中的重点和难点，又要设置亮点，吸引学生的注意力，激发学生的学习兴趣，这就对教师的专业能力提出极高的要求。

（3）较强的师生交互性

微课具有创新性特点，在激发学生学习兴趣、提高学习效率的同时，彻底改变了传统课堂上以教师为主导的教学模式，实现了教师、与学生双向互动的交流模式，有助于建立良好的师生关系，通过微课的实施，学生有机会和教师交流互动，教师可以倾听学生反馈的意见，找出教学中的不足之处，同时，对于学生存在的疑问，也能够及时进行回答。这无疑会为教师后期课程的设计提供便利条件，使其能够同学生的学习与反馈实现同步，进一步提升课程的教学效果。

（4）教学资源能够反复多次使用

在微课的模式下，学生能够按照自身的实际需要，随时随地展开体

育学习活动，改善学习效果。例如，在课程开始之前，学生可以通过微课来预习运动技能，课后则可以巩固难点和重点、练习课上学习的动作，等等。此外，微课教学模式的使用还可以使学生课程学习的积极性得到提高。

（二）微课在高校体育教学中的应用

1. 应用在学生体育需求调研中

在制作体育微课前，教师要根据教材内容，提炼出体育教学中的难点和要点，并借助网络媒体深入挖掘有价值的体育信息和体育新闻，将其与教材中的重难点一起融入微课视频制作中。然后，将录制好的微课视频通过移动互联网等多种渠道，在校园内进行大范围的传播，并根据学生的观看率、下载率和评论区留言，对微课视频的体育教学内容进行合理评价，这有助教师精准把握学生感兴趣的微课视频类型，便于教师对自己所创作的微课视频进行完善。在体育微课的早期推广中，大范围的宣传能够有效地调动学生体育学习的积极性，使学生更加期待即将学习的新内容，进而提升学生的体育参与度。

2. 应用在体育课程设计中

体育微课不仅补充了传统的高校体育教学模式，使得原本的体育课程设计得到了重新定义，也是多媒体时代下高校体育教学发展的必然结果。例如在设计室内理论课的时候，可以以教师和学生的交流为主，呈现出更加公平、更加自由的体育课程，并进一步更新体育教师的教学思维，使学生体育学习的热情得到提升。

3. 应用在体育课程教学中

教师制作微课可从两方面考虑，一方面，教师可从网络上的体育栏

目或体育新闻中挖掘有价值的体育信息，将之与体育知识融合，导入微课视频中，在体育课上，这种新颖的微课不仅可以让学生掌握体育知识，还可以让学生了解时事、关注体育界的最新讯息；另一方面，教师可以将复杂的动作讲解作为微课的创作内容，学生可将这样的难点动作讲解视频下载下来反复观看，既节省了教师的时间，也提高了学生的学习效率。

4. 应用在体育课后辅导中

传统的体育课堂教学的时间是 45 分钟，一堂课的时间虽然使教师能够面面俱到地讲授内容，但想要实现精细化教学几乎是不可能的，所以难免存在一部分学生不能与教学节奏同步或者是学生不能对其所学运动技能进行充分掌握的情况。所以，当体育课堂教学结束以后，教师可以将包含教学重点的微课视频向学生发放，以便于学生能够在课堂结束以后，对于已经学习的技术动作进行练习，对课堂上所学内容进行复习，切实保证温故知新，提升学生的学习效果。

5. 应用在体育课程分享中

其实，分享本身就是一个学习的过程。同学们把好的微课分享到朋友圈里，使自己身边的朋友、同学受益，扩大了学习资源的影响范围。因此，应有高校牵头组织一个体育交流学习社群，将体育教师、体育专业人士、学生集中到一个社群，确保社群成员之间相互促进，共享有益的体育知识和体育学习资料。例如高校可以组建一个舞蹈微课群，将舞蹈专业的学生、教师集中到微课群里面，教师可以在群里分享自己录制的微课视频，学生可以将自己在网上搜寻的优质微课视频上传到微课群，实现微课视频资源共享，这不仅能提高学生的舞蹈技能，还能提高舞蹈教师的教学水平，同时有利于教师和学生之间的双向交流互动。另外，学校也可以组建一些其他类型的微课群，让更多对相应体育项

目感兴趣的学生加入其中，分享各自的学习经验、学习资料，促进全校师生的共同发展。这不仅能提高学生的专业素养，还能丰富学生的课外生活。

三、高校体育教学中慕课的应用实践

（一）慕课概述

1. 慕课的概念

慕课是一种通过某一个共同的主题或者话题，将分布在世界各地的学习者与授课者联系在一起的教学模式。

慕课大多以话题研讨的方式进行，并且只会将一种大体的时间表提供给授课者与学习者。一般来讲，慕课课程不会对学习者有特殊的要求，进行说明的内容也比较简单。

2. 慕课的特点

（1）规模比较大

所谓规模比较大指的是慕课多是大规模课程，而不是以个人名义发布的一两门课程。

（2）开放的课程

所谓开放的课程，是指慕课开设的课程对上课的时间、地点和学习者没有要求，只要学习者具备网络和终端设备、遵守授课协议即可在线学习。

（3）网络课程

慕课相关的课程都是在互联网上传播的，不管学生处在什么地方，

也不需要花费太多的金钱，只要有网络连接与终端设备，就能够进行学习。

（二）慕课在高校体育教学中的应用

1. 高校体育教学中慕课的应用价值分析

慕课自引入我国以来，已经经过了一段时间，也有许多的学校开始了尝试，然而，慕课在高校体育教学方面的应用仍较少。实际上，慕课的教学方式在高校体育教学方面也是非常适用的。

首先，现代发达的网络使慕课的应用有很好的现实基础。人们在浏览网络信息的同时还能进行学习，一举多得。

其次，在高校体育教学中应用慕课的教学方式，不仅能够保证学生深入学习活动，还有利于学生自己掌握学习进度。同时，由于慕课中存在的学习资源是非常丰富的，有利于学生寻找到适合自己的运动方式。

最后，在高校体育教学中应用慕课的方式，可以让学生在体育运动锻炼的过程中参考标准的动作完成体育锻炼。在这样的情况下，就像有一个专业的私人教练陪在自己身边，可以随时对自身的体育锻炼活动进行正确的指导。

2. 慕课应用在高校体育教学中的未来发展

慕课是从国外引进的一种教学方法，目前在国内的应用还不广泛，慕课中的某些模块与我国体育教育理念存在差异，需要经过改进与整合才能融于我国高校体育教学。

鉴于此，我国许多高校教师根据本校的特色，在经过集体讨论后联合录制出几部优秀的慕课视频，再从中挑选出最优视频上传到学校官网

供学生下载学习，这极大地方便了学生获取体育知识。此外，学生会有更多的选择性，每个教师的授课风格、教学语言都有各自的特点，学生进入学校官网后，可根据自己喜欢的授课风格选择适合自己的慕课视频。高校体育教学有时是大班授课模式，学生人数过多教师无法兼顾每位学生，因此有些学生会出现跟不上教学进度的情况，而慕课可以很好地解决这个问题。跟不上教学进度的学生可以下载慕课视频，反复观看，继续学习，直到听懂为止。慕课中的教学资源众多，体育学科的教师都可将自己录制的视频上传到网站上，这会形成一个互相比较、互相学习的良性竞争环境，有助于体育教师发现自己存在的教学短板，进而提高自己的体育教学水平。

由于慕课是一种线上学习方式，不同于线下课堂教学有教师在旁边监督，因此对学生的自制能力和自主学习能力要求极高。由于体育教学属于户外教学，因此体育考试不适合选用机考，学生在线上完成慕课视频学习后，教师可统一组织户外考试。

尽管我国对于慕课的应用还处于发展阶段，但在现代网络发展的背景下，慕课的应用将是一种必然趋势。将慕课应用在高校体育教学中，能够给教师未来教学的开展带来一定的启示。但需要注意的是，在使用慕课方式开展高校体育教学的时候，还应该同国内的高校体育教学情况相结合。

四、高校多媒体网络体育教学模式的创新策略

（一）树立现代体育教学思维，加强对教师多媒体运用能力培训

许多高校体育教师的教学思维没有得到及时更新，仍固守传统教学模式，教育理念和教学方法一成不变，无法接受新的教学模式，没有意

识到多媒体技术在体育教学中的重要性。这应当引起高校的重视，加强教师专业技能培训，培养教师现代体育教学思维，鼓励教师接受新事物，探索新的教学模式，尝试应用多媒体技术辅助体育教学，使教师的教学紧跟时代潮流，促进高校体育教育不断发展。教师要时刻谨记学习多媒体技术的重要性，积极参与学校组织的多媒体技能培训，并与其他体育教师交流学习经验，分享多媒体应用技巧，提高自己应用多媒体技术进行教学的能力。学校方面应建立教学评价体系，科学公正地评价教师的教学情况，鼓励教师提高专业素养，定期组织体育公开课，方便体育教师交流教学经验，促进教师朝多元化方向发展，提高体育教师综合能力，推动高校体育教育事业蓬勃发展。

（二）丰富创新多媒体技术应用途径，调动学生学习积极性

高校教师应主动创新多媒体技术在高校体育中的应用路径，改变传统的教育模式，避免出现枯燥乏味的体育课堂，充分利用多媒体技术授课，提高学生学习的主动性。多媒体教学模式具有直观形象、生动有趣的特点，可以有效激发学生的学习兴趣，使体育课堂充满乐趣，同时提高学生的学习效率，教师可以用多媒体课件添加图片、视频，向学生直观地展示体育动作，边看边听的教学过程使学生更容易掌握一些难以理解的动作要点，同时能够增强学生的记忆力。多媒体技术教学模式中的图片教学和视频教学将教师抽象的讲解转化为直观的视觉教学，便于学生理解，学生的学习效率将大大提高。

（三）优化体育教学资源，构建高效高校体育课堂

传统体育教学往往受到多种因素的限制，无法有效开展教学活动，培养体育专业人才的教学目标也难以实现。随着科技的发展，多媒体技术的出现为体育教学带来了更多的优质资源，扩充了体育课堂。学生能够在体育课堂上学到丰富的体育知识，接触各种体育活动，如太极拳、

健美操等。在多媒体环境下学生能够开阔思维，开阔眼界，形成积极向上的人生观念。多媒体环境下的体育教学更具活力与吸引力，将学生的注意力集中在体育学习上。多媒体技术将教育资源集中起来，进行优化，使教育资源得到高效利用。教育资源在教育教学中至关重要，优质的教育资源不仅能推动学生综合素质的发展，还能提高教师的教育教学水平，教师借助多媒体技术使教育资源得到充分利用，教师的教学水平也能因此得到提高，高校体育课堂的高效性也得以实现。

参考文献

［1］ 李科. 高校体育改革践行体教融合路径研究［M］. 长春：吉林大学出版社，2023.

［2］ 冯元喜. 现代教育技术下高校体育教学的改革与发展研究［M］. 长春：吉林出版集团股份有限公司，2023.

［3］ 吴广，冯强，冯聪. 高校体育管理体制与教学改革研究［M］. 北京：研究出版社，2020.

［4］ 刘汉平，朱从庆. 我国高校公共体育课程教学的发展与改革探究［M］. 长春：吉林人民出版社，2021.

［5］ 陈轩昂. 新时期高校体育教学的改革与发展［M］. 北京：航空工业出版社，2019.

［6］ 田雪文. 现代信息技术下高校体育教学改革的审视［M］. 长春：吉林出版集团股份有限公司，2021.

［7］ 郝乌春，牛亮星，关浩. 新时代背景下高校体育教学改革与发展研究［M］. 北京：中国商业出版社，2021.

［8］ 刘涧，郑蓓蓓. 现代高校体育教学改革实践与路径探索研究［M］. 北京：北京工业大学出版社，2020.

［9］ 欧枝华. 新时期高校体育教学及其课程体系改革研究［M］. 北京：中国纺织出版社，2020.

［10］ 马鹏涛. 高校体育教学改革创新与科学化训练研究［M］. 北京：新华出版社，2018.

［11］ 岑海龙. 终身体育背景下高校体育教学改革创新研究［J］. 当代体

育科技，2015，5（17）：1-2.

［12］马金凤. 我国高校体育教学改革探讨［J］. 山东体育学院学报，2014，30（2）：105-109.

［13］黄超群. 普通高校体育教学方法的改革与创新［J］. 体育科技文献通报，2009，17（5）：57-59.

［14］刘钢军. 新时期高校体育教育改革的模式创新［J］. 成都体育学院学报，2009，35（5）：88-90.

［15］贾桂云. 论创新教育与高校体育改革［J］. 体育文化导刊，2005（8）：46-47.

［16］谢静月. 普通高校公共体育课程的改革与创新［J］. 体育学刊，2002（6）：98-99.

［17］李太行，秦勇，温禹. 创新教育与高校体育改革［J］. 体育学刊，2002（5）：79-80.

［18］沈跃进. 21 世纪高校体育教育的改革探讨[J] 武汉体育学院学报，2002（2）：35-37.

［19］朱昆. 试论创新教育与高校体育教学改革［J］. 武汉体育学院学报，2000（6）：33-35.

［20］陈鹭. 对我国高校体育教育改革的探讨［J］. 北京体育大学学报，1999（3）：83-85.

［21］常智勇. 新冠肺炎疫情下高校体育课线上教学的传播学审视［D］. 郑州：河南大学，2022.

［22］王国栋. O2O 教学模式在体育院校挺身式跳远教学中的实验研究［D］. 西安：西安体育学院，2022.

［23］吴适浩. 基于建构主义下的普通高校体育课堂师生互动研究［D］. 郑州：河南大学，2022.

［24］朱德亮. 高校体育专业术科课程思政示范课程教学特征分析［D］. 郑州：河南大学，2022.

［25］ 尹帆.高校体育教师核心素养体系的构建研究［D］.荆州：长江
大学，2022.

［26］ 徐树东.高校体育专业技术课线上教学的实效性研究［D］.郑州：
河南大学，2021.

［27］ 曹亚闯.大学体育课程混合式教学调查及其模式优化研究［D］.
郑州：河南大学，2021.

［28］ 方可.近二十年我国体育教学研究热点、知识基础及演进趋势的
可视化分析［D］.西安：西安体育学院，2021.

［29］ 孙晋海.我国高校体育学学科发展战略研究［D］.苏州：苏州大
学，2015.

［30］ 崔艳艳.我国普通高校体育教学环境研究［D］.石家庄：河北师
范大学，2012.